生命不息 奋斗不止

茱莉娅心语

苟丽梅 著

敦煌文艺出版社

图书在版编目(CIP)数据

生命不息，奋斗不止:茱莉娅心语 / 苟丽梅著.--
兰州:敦煌文艺出版社,2020.8(2022.1重印)
ISBN 978-7-5468-1953-2

Ⅰ.①生… Ⅱ.①苟… Ⅲ.①茱莉娅—人物研究②茱莉娅
—文学研究 Ⅳ.①K837.125.6②I712.064

中国版本图书馆 CIP 数据核字(2020)第 166832 号

生命不息，奋斗不止:茱莉娅心语

苟丽梅　著

责任编辑 :张　桐
装帧设计 :金国亮

敦煌文艺出版社出版、发行
地址 :(730030)兰州市城关区读者大道 568 号
邮箱 :dunhuangwenyi1958@163.com
0931-8152173 (编辑部)
0931-8773112　0931-8120135 (发行部)

天津海德伟业印务有限公司印刷
开本　880 毫米×1230 毫米　1/32　印张 8.5　　插页 1　字数 195 千
2020 年 10 月第 1 版　2022 年 1 月第 2 次印刷
印数　1001~3000 册

ISBN 978-7-5468-1953-2

定价 :38.00 元

前 言

茱莉娅·沃德·豪于 1819 年出生于纽约市，父亲萨缪尔·沃德是位富有的银行家，母亲茱莉娅·拉什·卡特勒是位诗人。茱莉娅家境优渥，受到良好教育，精通七门语言，多才多艺，弹得一手好钢琴，擅长唱歌，被誉为"茱莉娅女神"。美国南北战争之际由她填词的歌曲《共和国战歌》让她声名大噪，受到林肯总统接见。

茱莉娅自幼酷爱诗歌，孩提时起就常用诗句表达自己的所思所想所感。每一种情绪，深沉强烈或微不足道，都须以韵律的形式表现。在诗歌里，她自由翱翔，直抒胸臆，尽情挥洒，放纵恣意。她出版了五本诗集、三部剧本、两本游记、两本杂文集、四本人物回忆录（其中一本《玛利亚·米切尔回忆录》在她的日记中有清晰的记载，但查阅大量资料仍未找到其相关出版信息）。1907年，她入选美国艺术暨文学学会，是该学会的第一位女性委员。

19 世纪的美国，男尊女卑的传统思想充斥着人们的大脑。

拥有"虔诚、顺从、贞洁、持家"四种美德的女人才能称得上"真正女性"。妇女著书立作、针砭时弊、论议改革背离了社会传统与习俗,被认为是丧失了女性应有的谦逊与温柔;妇女抛头露面、公开演讲、参与政治完全超出了妇女的职责范围,被认为会导致女性堕落和毁灭。茱莉娅曾感叹:"女性的错误就在于臣服于那个从来都不允许她去工作,去实现自我理想的男性。"面对丈夫、亲友的不解与劝阻,面对时代的诘责,茱莉娅在挣扎困顿中鼓起勇气,听从内心的召唤,勇敢追求自己的理想。她钟爱哲学,独立思考,跳出那个时代对女性的禁锢和局囿。她的思想生机勃勃,充满现代意识。她不仅是感情充沛、才华横溢的诗人、作家,还是位活跃的社会活动家。她积极参与废奴运动,为妇女在教育、法律、政治等方面拥有平等权利,为世界享有公平、正义、自由、和平与博爱不知疲倦地奔走呼告;她组织成立多个全国性俱乐部,推动社会改革;她积极从事慈善事业,协助丈夫提高盲人的社会福祉,她关注社会弱势边缘群体,推动监狱管理体系改革,被誉为"美国女王"。

本书文字内容主要取材于茱莉娅的日记、信件、杂文、诗歌及回忆录。作者将收集到的大量一手资料按主题分门归类,翻译整理成册。本书中双引号内的引语为茱莉娅的原语。作者认为无须他人过多解释推断,人物会为自己言说。自我代言的叙述方式借助人物自己的书信、日记、著作向读者展现出一个真实、鲜活的生命：她的欢笑泪水，她的雄心壮志，她的坚强果敢，她的痛苦挣扎，她的虚荣自负……

茱莉娅出生于二百年前，她的作品都已进入公共版权领域。Project Gutenberg（网址：www.gutenberg.org）和 *Internet Archive*（网址：www.archive.org）是两大免费电子书图书馆，茱莉娅所有的作品都可以从这两个线上图书馆查阅下载。关于茱莉娅的生平经历，本书主要参考了两本书：一为茱莉娅自己写的《自传》（*Reminiscences:1819-1899*），另一本是茱莉娅的三位女儿合著的《茱莉娅·沃德·豪传》（*Julia Ward Howe:1819-1910*）。两本书在资料引用上有一定的重合。茱莉娅所著的《自传》包含 20 章，从出生、童年娓娓道来，讲述了至亲至爱的父母及大哥对她的深远影响，她的求知学习经历，三次欧洲之旅，圣多明各之行，婚后波士顿生活，废奴思想，俱乐部活动、妇女事业及挚友间的情谊。茱莉娅逝世后，为了纪念母亲，三位女儿联手合著了《茱莉娅·沃德·豪传》。该传记以茱莉娅丈夫病逝为界，分为上下两册，上册 17 章，下册 15 章，从追忆先祖起笔，以时间顺序为轴，详细记录了茱莉娅波澜壮阔的一生。该传记获得 1917 年普利策奖。本书中所选译的诗歌除了个别几首收录在茱莉娅诗集《此刻隽语》（*Words for the Hour*）、《落日》（*At Sunset*）外，其余皆选自《茱莉娅·沃德·豪传》。本书中涉及茱莉娅日记及信件的内容也出自该传记。茱莉娅电子档案馆 Julia Ward Howe: Electronic Archive（网址：www.juliawardhowe.org/genealogy/archives）可以查阅茱莉娅从 1863 年至 1910 年间的日记。

《自传》及《茱莉娅·沃德·豪》两部传记对茱莉娅婚姻生活中的矛盾冲突鲜有提及。本书参考了当代学者 Mary H Grant 及 Elaine Showalter 对茱莉娅的研究，力争真实记述茱莉娅的婚姻生活。爱达荷大学教授 Gary William 在编辑茱莉娅的小说《双性恋》时做了大量研究，在他的努力下，这本创作于 1846–1847 年（婚后三年），长期以来被束之高阁的小说终于在 2004 年出版面世。Gary William 认为《双性恋》一书中的主角 Laurence 影射茱莉娅的丈夫 Samuel Gridley Howe，茱莉娅不止一次地对丈夫说："Sumner（她丈夫的好友）本该是个女人，你应该和他结婚。"面对痛苦打击，茱莉娅转向哲学寻求安慰，她说："道德哲学始于接受人生真相。"她信奉："失望应在忍耐中消化，而不是在盛怒中喷涌。苦痛滋养心灵，其功效不亚于甜蜜对灵魂的滋养。"生活锤炼了耐心，孕育出智慧。她说："男人和女人走到一起很自然，共同生活是门艺术；过得好，更是高深的艺术。""'我爱你！'开启的是一张远景图，需要长期的付出和不懈的努力，否则就意味着：'我爱自己，需要你。'"

在国内，关于茱莉娅的研究尚属首次，她的思想领先于她所处的时代，面对误解和嘲讽，她能温柔地坚持，对推动美国社会进步，提升妇女在教育、法律及获得选举权方面作出了杰出的贡献。本书资料翔实，以人物自画像的形式忠实地记录了茱莉娅的传奇一生和她取得的主要成绩。让我们用历史的眼光去倾听她的心声，体味她发自灵魂的心语对于同时代人的巨大价值和意义。

　　本书是兰州文理学院校级教学改革项目"'学做研用'创新翻译教学团队"的阶段性研究成果。在出版过程中，本书也受到甘肃省社科联项目"创新创业背景下高校外语专业教师发展研究"的资助，特此表示感谢！

目　录

第一章

亲情无价

家庭聚会给我无限快乐，我非常珍视这种快乐。家庭聚会以天然情感为纽带把大家聚集在一起，不为利益，不为炫耀。人际交往不为附庸风雅，不为满足个人野心，天然的亲情、自尊互爱是家庭聚会的基调。

——茱莉娅·沃德·豪

父　母

茱莉娅追忆自己的父辈："爷爷沃德中校生了十个小孩，三个孩子夭折，老五为一男孩，于1786年5月1日在罗德岛沃里克出生，起名塞缪尔·沃德，他便是我的父亲。父亲四岁时举家迁往纽约，以经商谋生，沃德中校和弟弟创办了沃德兄弟公司。"

孩子们相继出生，公司收入也仅能维持日常开销。尽管沃德中校非常渴望让孩子们得到良好的教育，但微薄的收入无法送孩子们上大学。十四岁，一踏出校门，茱莉娅的父亲塞缪尔·沃德便去了元·金银行做了一名记账员。一位世交老友问年少的塞缪尔长大后想干什么，他答道："我要成为美国一流的银行家。"二十二岁时，他成为该公司的合伙人，也就是大家后来所熟知的元·沃德·金银行。查尔斯先生是塞缪尔的合伙人，在追忆茱莉娅的父亲时曾这样说："货币是沃德先生经营的商品。金钱被指责为万恶之源。然在善用者之手，金钱也是行善之器。毋庸置疑，人们对于金钱及涉及金钱的交易存有许多荒谬的偏见。这些偏见部分源自传统的谬见，部分源自贫困和无知激发的嫉恨。在当时的时代背景下，沃德先生能超越这些偏见，影响辖区居民及身边交往人士相信：对一个有崇高情操的人而言，货币贸易和其他贸易一样高尚。货币不仅是满足个体私欲，追求物质享受的工具，其更大的价值体现在帮助企业自由发展，提高社会福祉，促进社会繁荣。观念的转变本身就是一个巨大的进步。"

　　沃德先生的活动不仅仅局限于金融领域。他创建了商业银行并担任了第一任行长，还参与创办了纽约大学、史蒂文斯学院等。

　　1812年，沃德先生迎娶茱莉娅·拉什·卡特勒为妻，她是本杰明·克拉克和萨拉·米切尔·卡特勒的二女儿。茱莉娅母亲出阁时年方十六，温柔美丽，圣徒伊莎贝拉·格雷厄姆着力以当时审美风尚精心培养她的文学才情。茱莉娅母亲的一首诗收录在格里斯沃尔德编撰的《美国女诗人》文集中。茱莉娅的母亲生性娴雅和悦，热爱音乐，热爱一切美好的事物。

　　婚后头几年，沃德夫妇住在班特瑞附近的市场街。四个孩子在那里出生：塞缪尔、亨利、两个茱莉娅。那个叫"首个小茱莉娅"的孩子仅仅活了四年。小茱莉娅病危时，沃德先生因急事出差，悲痛中的父亲交代用某种特殊的方式告知他孩子的病情。几天后，他疾驰往家赶，路遇送信者沉默不语，递给他一只小鞋：他明白孩子没了。不久，1819年5月27日，第二个女孩出生了，依旧起名茱莉娅。在她还很小时，父母搬到当时的时髦之地——宝灵绿。在那里，另外三个孩子相继出生，分别是法兰西斯·马里恩、路易莎·卡特勒、安妮·丽莎。安妮·丽莎出生前，沃德太太身体日渐虚弱，凡是能想到的一切有助于恢复健康的方法都一一尝试了，还是不见好转。

在牙麦加沃德太太给她的母亲写了一封信。

最亲爱的妈妈：

　　……来这儿之后，病情有所好转。丈夫比以前更贴心，孩子们也都乖巧，唯独康复之路阻碍重重……。透过这页纸，你就能了解我现在的生活，绝大部分时间我都在阅读思考。昨天却是个例外，下午我打了小茱莉娅，事后一直感到焦虑难过……

　　总觉有必要按照所罗门教义来教育子女，但其效果对我比对她更糟。不管（这教义）吹得多好，这都是最后一次。一看到棍子，茱莉娅就紧张，我在她这年纪也同样紧张，她死命般地厉声尖叫着。挨打时，像得了寒颤病般抖个不停，惊吓过度，不吃不喝地哭了一整天。

　　茱莉娅一辈子都珍藏着早逝母亲的宝贵记忆。记得第一堂针线课，母亲教她如何一手拿针，一手戴顶针；记得起初总把"母亲"读成"母青"。直至母亲下了最后通牒：

"倘若你咬字不清，就退回去，像过去一样叫我'妈妈'。倒退之耻督使我最后一搏，拼尽整个舌头的全力，终于正确地读出了'母亲'这个词。"

一切帮助这位年轻母亲恢复健康的努力都是徒劳而无益的，产下第四个女儿——安妮·丽莎后，她就撒手人寰。

茱莉娅的母亲一生纯洁、幸福、无私；但生命尽头的最后时光却充满苦痛。从小谨遵福音派教义教规，临终忧心灵魂去向，死亡的苦楚包围着她，地狱的惨景压迫着她。家人悼文中记录着这位无辜生命遭受的折磨，读来让人动容；这位至死仍在祈祷的人儿，在今看来，也不由让人心生怜悯。去世时茱莉娅的母亲年仅二十七岁，生了七个孩子。

尽管茱莉娅一直热气腾腾地活在当下，但过去从未远离，幼年丧母的苦楚是心中永远的痛。1890年她在日记中写道："早晨一醒来，年轻甜美的母亲躺着去世的画面活生生地呈现在眼前，我们两三个小孩站在她身边，亨利哥哥，比我大两岁，小手放在母亲的额头上说：'像石头一样冰。'奇怪的是，今天早晨我感受到了那一刻锥心的疼痛，随后体悟到悲剧生活的核心是母亲的爱和智慧一直缺席。"

爱妻亡故，沃德先生先生痛不欲生，大病一场。一段时间，他拒而不见新生儿，在他看来，是这个小生命夺走了爱妻的性命。其他的孩子都聚集在他身边，小安妮却被排除在视线之外。

沃德先生的父亲来看望爱子，听说此事，来到育婴室，从护士手中抱过婴儿，径直来到儿子独坐的房间，轻轻地把她放到他的怀里。从那一刻起，这位幺女便成了沃德先生的最爱。

这个昔日充满欢声笑语的寓所如今却浸满忧伤，沃德先生再也住不下去了。漂亮的大房子，连同取悦爱妻而新定制的家具都一同出售，孩子们甚至都没看到新家具的模样。随后举家搬到了纽约市郊的邦德街。"我记不得哪一年父亲买下了邦德和百老汇两街交汇处的大片土地。起初这片地用篱笆圈了起来，供沃德家的男孩在里面骑马。马场后面，还有一片大花园。后来，父亲在此修建了一幢房子：一砖到底，配有白色大理石圆柱及增添美感的装饰品。"府邸看起来庄重威严，19世纪中叶，它依然矗立在那。主屋后面，朝着百老汇街的方向，是一座美术馆。这可是纽约首家私人美术馆，沃德先生颇以此为荣。几年后，长子塞缪尔·山姆从欧洲留学归来，带了大量图书，沃德先生为此专门建了个图书馆。

"米特·沃德"（沃德先生在保育院的专用称号）十分珍视孩子们身上表现出的文学潜质。他也以诗歌的方式回复孩子们的信件，他的诗歌都做了备注："来自我亲爱的父亲。"

他的信件言语幽默，饱含深情。虽既当爹又当妈，他却无怨无悔,如今孩子们就是他的一切。那严苛的外表下藏着一颗柔软的心,孩子们那时还很难理解这一点。事实上,痛苦的焦虑,殷切的期待,盼望孩子们不仅拥有美好的一切,而且他们本身就是美好的化身,这都使得他外表异常严厉。这种严厉给子女留下了难以磨灭的印象,让我们来感受一下:长时间坐在马车上,茱莉娅膝盖疼痛难忍,不由地双腿吊着岔开坐着,沃德先生说道:"女儿,你若不能像个淑女般坐着,下一家裁缝店我们停下,给你做条男士马裤穿。"

餐桌上,孩子无心说奶酪的味道有点太冲;一个低沉的声音说道:"小姐,不及你说话那么冲!"

年轻人喜欢吃早餐时交谈,如果早餐拖延太久,沃德先生就会穿戴整齐地出现,说道:"年轻的先生们,我很高兴你们能这么轻松地生活,我老了,必须为我的生存而工作。"

坐在桌边时,茱莉娅习惯把拖鞋丢在脚边。一天,沃德先生悄悄地把鞋穿在自己脚上,然后说:"女儿,我把印章落在了房间里。你可否乐意帮我取过来?"找了半天鞋,茱莉娅尴尬地走了,"一只脚穿着鞋,一只脚没穿鞋",给父亲拿来了印章,彼此都没说话,但茱莉娅这种习惯却改了。

沃德先生对孩子们的行为举止十分关心。一天晚上,他和茱莉娅一起散步,遇见了儿子亨利和马里恩,每人嘴里叼着一支雪茄。他十分不安,说道:"孩子,你们必须戒烟,我也戒掉。从此刻起，我禁止你们吸烟，我会和你们一起改掉这个毛病。"

他再没吸过烟，孩子们也再没吸过——至少在他面前如此。

茱莉娅的少女时代大部分时间都是在家度过：读书，做针线、听音乐，偶尔会听演讲或音乐会，抑或去同一条街上的叔叔家串门，人们或许会认为这条街应该叫作"沃德街"，因为那个时候，沃德家族几乎所有的亲戚都住在这条街上。

茱莉娅爱她的家，爱书，爱音乐，她也渴望能像兄长般享受社交的乐趣。她说："我觉得自己好像一个古代的年轻少女，被禁闭在迷人的城堡。我不得不说，我那高尚、慷慨、却又霸道的亲爱父亲，他有时就是我的监狱长。"

茱莉娅十九岁，出落成美丽的大姑娘，一举一动都散发着女性迷人的气息。她从来没有邀请过宾客参加晚宴，她从来没有一个自己的宴会。给理事会的哥哥们打电话，告诉他们，她将要举办一个宴会，希望他们能帮忙列出名单，但办宴会的机会和责任由她承担。兄长们都反对，哥哥山姆甚至对宴会的前景深表担忧，但发现她很坚定，就列出了欲邀请宾客的名单，包括各个年龄段的嘉宾。这就是她的性格：计划一出炉，一旦决定去做，无论付出多少代价都要完成。

她问父亲是否可以邀请几位朋友参加某晚的活动，父亲同意了。她聘请了纽约最好的餐饮服务商、最时髦的音乐家、甚至还租用了一个金碧辉煌的玻璃吊灯来增亮黄色客厅的灯光。

到了晚上,沃德先生走下楼来,发现宴会丝毫不逊色于纽约任何一座宏伟建筑里所举办的晚会。他毫不惊讶,礼貌优雅地欢迎客人,仿佛他们都是他特邀的。音乐响起,年轻人翩翩起舞,整个晚上大家各尽其欢,除了这位年轻的女主人。从晚宴定好的那一刻起,办会的熊熊热望变成了逼仄的恐惧。她脑海唯一能想到的就是:父亲的不悦;他会说的话;他看她的眼神。整个晚上,酒杯在她唇边战栗不止。

送走最后一位客人,三兄弟聚集在她身边。"我们去和他讲!"他们叫嚷到:"让我们替你说话!"

"不!"茱莉娅说:"我必须自己去说。"

她来到父亲独坐的房间。一时之间,不知如何说起,其实也无须多说。沃德先生严肃和善地说,让他惊讶的是她所说的"几位朋友"和他理解的完全不同。他很遗憾,之前她没有更多地和他沟通,恳求以后她能这样做。然后,像平常一样,他温柔地吻她,祝她晚安。一切都结束了。这件事再也没有被提起过。

父亲告诉她,他早已觉察到她的气质和想象力对外界过分敏感,他希望她能不受外界喧嚣的影响,直至她表现出完全具有保护和引导自己的定力。唉!细心的父亲想用汉白玉花瓶来珍藏少女心中纯洁的火焰,实际上,他在试图囚禁云中的闪电。然而,谁又能说,父亲严厉的管教终究没能满足她本性中更深的需要呢?尽管那时她自己可能都意识不到内心深处的需求。漫长而孤寂的日子,学习到疲惫困倦——虽然她从未自满过,胸中燃烧的渴望及遗憾的火焰,然而并非每把火焰对于锤炼她那刚强、敏锐的气度都有必要。

沃德先生五十三岁时溘然离世,那无忧无虑的欢乐也随之而逝,残酷的现实摆到了孩子们面前。自从爱妻亡故,原本的忙碌陡增一倍。起初,痛失爱妻的打击让他错愕消沉,但强烈的责任感很快又让他重新振作——尽管沧桑浮沉后的他已有所不同。幸哉,他笃信宗教,从中汲取安慰启迪,为大众及家人的福祉忘我工作也给他莫大的安慰。

他是一位热心肠的爱国者,而非政客。当国家、州、市需要他效力时,他总是一马当先。当安德鲁·杰克逊拒绝执行美国银行章程,导致了一系列金融危机时,沃德先生积极奔走,沉着应对。他谴责说硬币流通法案强制把公众存款从美国银行转走的做法无法无天,粗暴野蛮,必将引发灾难,最终会导致靠其取胜的政党的覆灭。

1836-1937年的危机需集全民之力,举国之智,众志成城来应对。沃德先生日夜劳作,谨防纽约银行颓败。

"然而个人的努力是徒劳的,5月10日,所有的银行被迫暂停硬币支付。这个灾难性的日子对他的打击远胜于他人。尽管从业务角度讲,这件事对沃德先生的影响并不比对其他相关人士影响更甚;但是他预估,这终将损害商业银行的信誉和纽约市的声誉。他不是一个坐以待毙的人，与其浪费时间徒然懊悔，不如着手修补损害，他随即部署了一系列举措，促使银行尽早恢复营业。"

而这花了近一年的时间。在此期间，英格兰银行向元·沃德·金银行提供了价值500万美元的黄金贷款。金先生说："坚定的自信，长时期养成的审慎和高尚的品德，沃德先生珍视这笔贷款，事实证明他的判断预言准确无误，他所在的社区对他的言论向来重视。"

沃德先生没能亲眼看到那些小木桶，为了大众利益他日夜操劳，抱病在床。那几年，他如同一个殉道者，不断遭受宿敌风湿病的侵袭，但精神头依然坚不可摧。他缔造了商业银行，担任首届董事，立规自己不拿分毫报酬。他得到的只是死亡通牒令。新寓所新近粉刷的墙壁散发着潮气，1839年春天，两场来势凶猛的病痛几乎击垮了他。但他仍然孜孜不倦地工作着，把全部的精力都放在了完善，增强商业银行这一事物上，他坚信他所挚爱的这座城市必将从中获益。同年10月另一场金融危机爆发。费城和南方州市的银行暂停了硬币支付，并不遗余力地威逼利诱纽约银行效仿。沃德先生在纽波特病倒了，但一听到这个消息，就急忙返回，直面问题，游说劝说，坚守原则，鼓励支持。

一位朋友劝阻，提醒他如此玩命工作对羸弱的身体损害极大。沃德先生回答道："如果我的言行有助于银行恪守其责，我认为牺牲我个人生命是值得的。"

他工作了近两个星期，直到工作完成，他热爱的城市的声誉保住了。他回到家中，等待死神降临。1839年11月27日，沃德先生病逝。

临终时，茱莉娅陪在他身边，拉着他的手。沃德先生面容散发着静穆之美，著名肖像画家安妮·霍尔请求为其作画，现如今，子孙后代仍可以瞻仰他那宁静肃穆的遗容。

茱莉娅写道："他垂下高贵的头颅，寂静无声，肌肤冰凉，在亲友、孩童的恸哭中我感到一种前所未有的荒凉。多年以后，那种荒凉感依然让我心痛难忍。"

她对父亲的爱永无止境，直至生命尽头。父亲每次生日她都写在日记里，充满了温暖的回忆。

1898年3月31日，她在日记中写道："子夜一点醒来了，刚真真切切梦到了父亲和弗朗西斯博士。父亲走进来，对我说，他想和茱莉娅小姐单独聊聊，我像往常一样浑身哆嗦，唯恐受到他那无比正确的指责。他说他希望我和妹妹能多待在家里，梦中那两张脸那么清晰，我已经五十九年没有见过父亲了。"

兄　妹

　　沃德先生并不鼓励子女同其他孩子建立亲密关系。他强烈地认为兄弟姐妹之情才是唯一真的亲密无间。的确,六个孩子已足够建立起他们自己快乐的小圈子,在宽松的保育院愉快地游戏。老大山姆——孩提时代就是造反王,一生如此。

　　他的乐事就是一大早裹着床单冲进妹妹们的卧室,在床间蹦来跳去,宣称自己是鬼怪专门来捉她们。或者,在三位女士:米尔斯夫人、布朗夫人、弗朗西斯夫人(即为茱莉娅、路易莎、安妮)玩洋娃娃时,跑到她们耳边悄声说千万别冒险去阁楼,一位身穿红色衣服的老头正坐在那儿。当然,这三个好奇心极强的小女士免不了要偷窥,老人总躲在那里,藏起面部,凶神恶煞的可憎模样。山姆哥哥不在的日子里,马里恩接棒造反王,但凡姐妹们穿行于茂密阴森的森林时,便像旋风一样来到愁眉苦脸的女士们身旁。

　　米尔斯夫人、布朗夫人、弗朗西斯夫人都是尽职尽责的母亲,照料着布偶娃娃大家庭。布娃娃的家安置在一个宽大的抽屉里,分隔为三部分。安妮写道:"米尔斯夫人的娃娃总比我们的娃娃漂亮,尽管衣服的清洁度不敢恭维。哇,布娃娃参加过无数晚会,免不了喝醉!我今天还能清清楚楚地记得那侧翻的马车、溅泥的衣裙,因为娃娃总是掉进泥潭里。"

山姆哥哥是茱莉娅青春年少时的偶像，亨利哥哥却是她的玩伴，与她年龄最近，感情最深，可谓亲密无间。1840年10月，亨利死于伤寒，对她而言，这堪称致命一击。

"当他闭上眼睛的时候，"她说，"如能和他一同死去，我会是多么多么高兴啊！"她还说道："我记得那是一段暗无天日、毫无慰藉的时光。"

父亲、亨利哥哥病逝，大哥山姆结婚后，茱莉娅可算得上是一家之主，兄妹把她唤作"老鸟"，她就像只忧心忡忡的母鸟盘旋在弟妹周围。某次外出拜访，她写信给妹妹："相信我，与其苦嚼人类纵乐的残渣，不如推开享乐这杯酒，不品不尝，把那美好事物寻找，纵使我们求而不得。清晨，精神之果从天堂落入人间，那些疏而不拾者则无养分供给，一大早，我们就需采集天之圣果，唯有此果能助我们度过当日的苦痛。"

痛失两位亲人的双重痛苦促使她反思，她审视童年时毫未质疑就接受的那些思想；然而她生性开朗，不可能长期沉浸在悲痛之中，随着悲伤消退，心灵开始急切地寻求更加清明的思想。

茱莉娅多年的学习引领她进入更广阔的思想领域。她珍视这一推理："善的胜利必须建立在促使万事万物皆善之上，撒旦本人也没有足够强大的盾牌能永久抵挡圣灵的神圣力量。"

她随处都可遇到像她般急切向前冲，竭力寻求新光明的人。她听钱宁布道，听他说上帝爱好人也爱坏人，灵魂便多开了一扇窗。还有,在去波士顿的途中,偶遇拉尔夫·沃尔多·爱默生先生。火车延时停在车站,她看到了曾被她描述为毫无人性的这位超验主义者,肩上背着一位贫穷困倦女人的孩子。瞬时,她的心被暖化了。她夸大地球上撒旦式人物的数量,夸大撒旦对人类的影响力。爱默生先生礼貌温和地答道:"天使一定比恶魔强大!"这句话便铭刻在她心里。另一扇宽敞的窗户又打开了。

兄妹不在一起的日子,通信是连接他们的纽带。

我最亲爱的小鸡(即路易莎妹妹),

前天、昨天两晚连着畅聊、跳舞,我有权疲惫,除非能把快乐与你分享,否则我的快乐还不完美。所以我必须写信给你,告诉你我度过一个多么愉快的夜晚。昨晚,我去参加肖小姐专门为我和博斯举办的派对。至少在他来之前,我就收到了邀请,所以我认为我只会给他一个平等共享晚宴的荣耀。和默契的舞伴跳了好多首曲子,像往常一样和萨姆纳,希拉德,朗戈等人交谈。我很高兴博斯认出了范妮·阿普尔顿和我,给了我们一个微笑并顺带鞠了一躬。

他不可能做更多了,无论走到哪里,那些追随他脚步,闻声赶来的人群几乎要把他撕成碎片。见到他我很开心,他那张会说话的脸庞容光焕发,脸上虽有褶皱,但那不是操劳过度的皱纹,而是笑纹。他举止随意亲和,就像他笔端所描述的大人物一般。

他就像小面值的零钱一般高速流通，他懂得满足他人却不给自己添麻烦的艺术，懂得不炫耀却能凸显自身的艺术，这也展现了他真正的好品味，说明他若不是一个天生的绅士或受后天教育而养成的绅士，那他至少是一个顶天立地的男人，每一英寸肌肤都散发出男人的气息。

……虽然我对先验主义知之甚少，但爱默生的到访及讲座却能让我知其精髓，他措辞雅致，并且明天（不要震惊！）会在富勒小姐家见到他，我将珍惜此次交谈的机会，与你分享心得，共享喜悦和启迪。我也听了次（不要歇斯底里！）钱宁博士布道。这可是一个难得的机会，因为到现在为止一年了，他还没讲过一次。他措辞优美，我几乎可以说，绝对不会有人像他那般讲话。现在要和你道别了。我须省着点说，留点话儿下雨天再叙。

你的杜迪

1842年于波士顿

写给妹妹安妮的信

亲爱的安妮：

不要因牧师、叔父或任何其他人的恫吓而妥协，告诉他们及其他所有人，即便你认同他们的教义，但他们对宗教生活的见解过于狭隘失真，流于形式。你要诚实地直面真理，直面他们，直面你自己,就这样说。我认为我们最大的责任就是要对自己做到绝对的、无畏的坦诚。这世界有一半人立场坚定,对另一半人说:皈依我们,我们是真理!我们一定对,你们一定错。而另一半人却胆怯地支吾着勉强默认,或极少数人怯生生地表示怀疑,却依然对己对人感到困惑、恐惧和不满。亲爱的安妮,不要让我认为你就处于这种可耻的状态。不要以为我在误导你,我知道,你并不赞同我的一些教义,但是我也理解你是无法背弃你的良心去盲从伊斯特、本舅舅那帮人的摆布和规劝。不要惧怕他们,把他们的责备当作无关紧要的事。你的生活就是你信仰的真实表达,你又会害怕谁呢?若你的言行会对他人的幸福及利益产生影响,你则需对此负责;对那些只牵涉到自己灵魂的事,你仅需要对自己负责。一个人,即便身披二十件白色法衣,手拿二十本祷告书,也无权谴责你,也无法拯救你。这世界或许是有地狱和天堂的,对于大多数人来说,这是件好事,对于你我也如此,只要你选择去相信。如此思忖除了抚慰恐惧与赐予希望外,还有更高尚的目标,可彰显一大美德即崇尚至善,这是好的,这是自然之法则,这也是万事万物美好兴盛的秘密,是圣思义举所滋生的善果。每一慈行、每一美言、每一善念都有助于修葺破损的世界,提升堕落的灵魂。劝你信奉地狱天堂者,借此刺激人们向善,他们仅仅是利用了你本性中爱的天性;那些将上帝树在你面前的人,时而皱眉愤慨,时而亲切仁慈,他们不过是利用你天性中的懦弱及对认同感的需求。我祈祷你摒弃自私的准则。我认为明知哪怕是地狱而非天堂是其归宿却依然笃定的人，定是推崇至善之人。

你的杜迪

茱莉娅热心文学艺术，家中俗事从不用她操心。起先，有姨妈弗朗西斯，后来，有妹妹路易莎，照料邦德街的一家老小；茱莉娅如同田野里的鲜花，从不用考虑吃穿，妹妹已替她选好布料，请人裁剪缝妥，她只需伸手穿衣。读书、音乐、梦想、写作，还必须再加一项：那些爱慕者，便是她曾经的整个世界。可结婚后，生活中一桩桩、一件件的事务迎面扑压而来。幼儿需要定时进食，她得喂；一日三餐，她得做；招聘、培训、教导帮佣，她得亲力亲为。纵然思绪飞舞上青天，但总有丝线拴着她，她那飘在天空中的思绪会被拾掇羊腿、缝制小儿斗篷等俗事拽回地面。

写给路易莎的信

1845年11月，南波士顿

亲爱的，

一整天，半晚上我都得操心孩子们，正好这会儿睡着了，真是体贴我，剩下的时间就归你了。等你有两宝后，就会前所未有地感到时间的珍贵。我的白天黑夜平分给了弗洛伦斯（二女儿）

和茉莉娅（大女儿）。陪睡觉，半夜喂奶，早晨起床急忙吃完早餐，埃米莉（家中保姆）吃饭时，我照顾孩子洗脸穿衣，哄孩睡觉，把宝贝从小推车中抱出来，哄逗杜迪，亲她，爱她，逗她等等。噢，亲爱的，宝贝在你怀里紧紧抱着你，给你一个吻，一个微笑，我有什么不愿给？什么都愿意，甚至这个我满怀惊喜刚刚打开的装有巴黎华服的盒子。哇！多么漂亮的头饰、丝绸、软帽、斗篷啊！我直拍手，叫好称赞了半小时，禁不住绕着书桌跳起了波尔卡舞，坐下后，依然无比开心，忽而想起面对日渐变老变丑，我却无能为力，于是厌恶地瞪眼看着玛丽·斯图亚特的花环。你为我挑的东西展现了你完美的品位。花和衣服都很精致，所有的东西都是那样别致，还没忘记杜迪小宝贝的帽子。不过恐怕这华美的礼服，也不能把我从育婴室引诱开，毕竟这时育婴室里不能没有我。一整天我都没离开过十分钟，不是抱着这个，就是抱着那个。坐着时，弗弗坐在我一条腿上，杜迪坐在另一条腿上，唱着《吉姆伴着乔西》，拉着她们轮换着学走路，直到我再也唱不动为止。无论如何，生活总有些奇特的事。杜迪一个人还不会走，天知道她什么时候会走。周日晚上，也就今天，我把新帽子和斗篷穿到教堂去了：教堂司事和教长受惊不小，教徒们也瞪大了眼睛。一些人觉得我看起来就像一个绿色的蚌壳。我不这样想。我尽可能地把帽子竖起来，但有时它让我烦恼，不过我很快就会习惯的。萨姆纳和我们一起吃晚饭，他和切弗对未婚女士满怀同情。哦，我亲爱的朋友，我想你若有个孩子，你的态度会有所不同。一个小生命的降临，向你打开了一个全新的世界，一个你难以测量其深的爱的海洋。我无法告知你，我的小乖乖们带给我多少慰藉，尽管有时候他们也会惹出许多麻烦。然而，不管晚上我有多困倦，一想到白天的时间我和她们共度，便满心欢喜。给小孩洗衣、穿衣，我已十分在行，弗弗的小辫子也扎得很漂亮。转告唐纳德，小孩后背皮肤褶皱处，我能洗得干干净净，丝毫不伤及肌肤。

写给妹妹安妮的信

亲爱的未婚女孩，我没有给你足够的爱，足够的同情，没能帮到你，给你的也只是枯燥乏味，但我还是要写信给你，打算来看你。亲爱的安妮，你的婚姻对我而言是一件严肃的大事，我尽量不去想。最亲爱的幺妹，上帝给了你一切幸福。恐怕有些苦痛磨难，你必须得经历。毕竟，和现实短刃相见的单打独斗，对生存在地球上的任何人，幸福的或痛苦的，都是一种陌生而又痛苦的体验。在我看来，幸福的婚姻就是女人最大的幸福。啊！甜心安妮，愿你幸福，少女时代的你纯洁清白，可爱美丽，对于过去，你无悔无忧。你的存在让地球更加美丽光明；愿你的婚姻也同样圣洁无瑕；愿婚姻让你更圆满。婚姻，如同死亡，是我们欠老天的债。尽管还债要费些周折，一旦还清，你便会更满足，更踏实，更平和。年轻女孩像是无根之花或花之种子，随风飘零，或被无情摧毁，或是彻底枯萎，湮灭于世间；而主妇虽是同一种花，同样的种子，却植根于大地，发芽结果，从而永生。维维（妹妹路易莎的昵称）带给你很多安慰，她比我可亲多了，你也知道我一直在努力。最近好多了，寂静的夜晚似乎又开始向我倾诉，让我垂死的灵魂有了生机。少年时的澎湃的激情及内心冲突让我有一种未老先衰的感觉，像老年人般无精打采，漠不关心，却没有年长者的智慧或享受休息的特权。

写给妹妹路易莎的信

1846年12月1日，波士顿

你是最亲爱的悖谬，我可以再写信给你吗？难道我的生活不够忙吗？难道我的法兰绒衬裙、围裙不够多吗？难道我擦拭小脏鼻子还不够勤吗？为什么我得会缝衣物，扶儿学走路，会唱儿歌，会讲鹅妈妈的故事，还必须知道如何写作呢？我的手对钢笔越来越陌生，我的思想越来越平庸。我的信究竟会对谁有用呢？我可以给他人传递出什么有趣的信息呢？不是说我不开心，我很开心，但是我已经完全失去了娱悦他人的能力。

写给妹妹路易莎的信

1847年5月17日

最甜美最漂亮的维维：

我没动笔写，盖因我目前处于学习，沉思状态，最不适合交流，也没有什么话要跟人讲。重新学习是一件非常愉悦的事，一个人感到自己迂腐愚蠢，那他就有提升自己的意愿，哪怕只是一点点。我越活就越觉得自己对一切实操事务像孩子般的无助。当然，长着我这样一双无用之手的人是前所未见的。我和孩子一样急需一名保育员。我能教这些可怜的小猴子什么有用的东西呢？对于那些无关精神灵魂之事，我很蠢笨，我确实如此。我已在安宁绿洲住了六个星期，很舒服，很安静，哦！春天姗姗来迟，都五月十七日了，树木才开始开花。每天都有东风吹来，鼻子都冻得冰凉，一些其他的邪气也乘机潜入安宁绿洲。我瘦弱乏力，还没有完全从感冒发烧中恢复过来，然而，大脑却是婚后最清楚的，能思考，会钻研，可祷告，而思维受阻时，这些事我都无法做。

上个月，哈瓦那剧团精湛的歌剧表演让波士顿焕发出了无限生机，他们的表演要比纽约剧团的表演强太多，管弦乐队和合唱团都很优秀，全是意大利人。首席女歌唱演员全是一流的艺术家，音质优美。我买了季票，几乎每晚都去，这简直是放纵，票价非常昂贵，我选的都是最佳观赏座位，多亏切弗是位宠妻的丈夫。以前我居然没有察觉到，想想他给我的一切：洋房、花园、四轮马车、一对骏马、等等。孩子们以后会出名的。我的小茱莉娅，她自称为罗马娜，极有天赋，颇具才华。她好学，擅推理，能记得听到的每一首曲子，会唱很多歌，又风趣，甜心弗罗伦斯也很有趣，就像长着亚麻头发的洋娃娃。我给她们钢琴伴奏，莉齐打手鼓，两个宝贝手拉手跳舞。你或许会问："看到这样的景象，你的心是不是充溢着满足的幸福？"我这样回答：亲爱的维维，人虽活着，灵魂若不追求那些无法触及的事物，其灵魂已亡。在享受安逸的同时，仍能像个朝圣者般去追求那些和房子、土地、孩子、健康无关的事物，对此我很是高兴。我到底在追寻什么，我也说不上，有时仿佛是这，有时仿佛是那。啊，不朽，对我们而言是只痛苦的狂喜，是这尘世生活中让人着迷的重负。随着年龄的增长，我能看清很多事情，很快我就意识到喂养自己灵魂的必要性及艰难性，唯恐被世界所欺骗。

你的杜迪

1847年9月，弟弟马里恩的去世对茱莉娅是一个沉重的打击，一个勇敢，宽厚的男孩，一个纯粹的，正直的人。她给妹妹路易莎写信说："让我们感谢他，马里恩的存在带给我们无尽的快乐，他的死亡带给我们无限的痛苦。我们的孩子在爱与美的环境下长大，我们无论谁生了可爱男孩的，要给他起名马里恩，我们要给他双倍的爱。"

婚后生活，茱莉娅也常常感到不快，有时甚至是痛苦。慈善是丈夫最忠实的女监工，却未给她安排任何工作，而丈夫长时间忙于工作，让她倍感孤独，哄孩子们入睡后，她时常感到迷茫。

写给妹妹路易莎的信

1853年2月18日，安宁绿洲

最亲爱的路易莎：

　　好久都没有给你写信，很显然，我并不擅长写信，这个事实无须再做解释，但是，让我一次说清楚，书信作家的美名我可担负不起。对于我的诗歌和音乐，我可能会比较严格苛刻，对于我在绘画，书信及家务方面的才干，我只能说我自诩的才能与我的功劳一样微不足道。正义女神对这种谦卑该是满意的，谦逊女神露出了粉色里衬(通常被误认为是脸红)。亲爱的，我新的写作风格会让你感到惊讶吗？你会不会认为这是因我在布里斯托先生那里上课的结果呢？得知我的眼睛不能再盯着作品细看后，我只好以一种疯狂而又不加思索的方式快快地扫读，字迹书写非常潦草。我已毁了自己的眼睛，你看，我现在又尽我所能损伤朋友的眼睛。这是人之本性：恶魔想方设法无孔不入，不断繁衍壮大；而美好只是自我满足，安于现状。时至今日，这个冬天，我一直勤奋好学。自青年起，我还从未读过如此多的书，从未写过这么多的东西，真是可怜了我的眼睛！当然，你可能会感叹，简直是疯了！但事实上，如果不用书来填满自己，我可能还要更糟。生活的荒芜与空虚更让人无法忍受。

写给妹妹安妮的信

1855年1月19日,南波士顿

我甜蜜的肉肉:

首先,你当然想知道有关帽子的消息。我很高兴地说,它非常好,又便宜,又大方,又合适。波士顿根本找不出这么好的帽子。这顶绿色和丁香色相间的帽子,除了睡觉外,我一直戴着。每次戴上它,总能吸引他人的注意,我都无比自豪。那些不认识我的人,在听演讲时似乎在说:"天哪,那位可爱的人是谁?"那些认识我的人似乎在窃窃私语,从来没见过茉莉娅这么精神!绿色的帽子就说到这儿。至于那顶白色的,我把帽子背面往紧里改了一下,既合适又好看,特别适合看歌剧时戴,我会一直戴着它。我以前常看歌剧,以后也会常去。从前面看,每个女人,似乎都戴着有大褶边的帽子,像老式的睡帽;只有她一转脸,你才能看到背面人戴的帽子。

我是否写信告诉过你我曾参加过大会?切弗(茉莉娅丈夫的昵称)第一次去时没带我,和他那个漂亮的侄女去的,当然,我很恼怒,所以我鼓起勇气,决定去参加第二场大会。白色的丝绸礼服必不可少,尽管买它不划算。幸运的是,特恩布尔生意不济,卖得很便宜。花了17美元我就买了一块漂亮的丝绸,交给波士顿一个时髦的裁缝,三个锯齿状的荷叶边,看起来很奇特。接下来,找到波林给我设计发型,她是坎尼嘎里的妻子。她问:"你想尝试最时髦的发型吗?"我回答:"最新潮的发型。"她把两个夸张的发垫放在我头顶,把前面的头发往后梳,发垫就这样被藏在了头发下面,这就是我的真发头巾造型,我可以这么说吗——新发型使我散发出迷人气息。我为自己的发型颇感得意,下午休息时,常常往那些带有镜子的房间跑。切弗带着怯生生的我走进会场,很快我就鼓起勇气,我俩没坐在一起。小B(纽约邦德街的一位邻居)也在那里,闪闪发光,笑意盈盈,哦!看着十分年轻!人们常说,人生苦短,但见到小B后,我不这么认为,她从头到脚,上下打量着我,一副盛气凌人的神态。不过,她也有闪光点,戴着镶着钻石的珍珠项链,钻石足有两英寸长,一英寸半宽。

波士顿博物馆有一场剧正上演,可能是一场闹剧,剧目的名字是《一个枯萎的人》。看到街道张贴的传单,就像叫自己的名字。现在必须停笔了,永远爱着你的亲人。

你亲爱的姐姐

一个枯萎的人!

写给妹妹安妮的信

1855年6月1日,南波士顿

呃,亲爱的,对我来说这是一个无趣的时刻。我还活着,我的五个孩子也还活着。亲爱的劳拉(茱莉娅的三女儿)病得厉害时,我发誓不再抱怨生活乏味无聊。所以,我不能抱怨。但是你明白,如果我没发过誓，在目前的状况下，我会纵容自己咆哮嚎叫直至灵魂稍感宽慰。五个孩子似乎一直在等待机会对我吸骨敲髓，为她们讨厌的节日争吵不休，以前给你说过的楼梯简直能要了我的命。小婴儿致使我睡不好，体力越来越差。如果不是啤酒，我只比死人强一点，但是，多亏能喝口啤酒，我左眼仍可眨动，右眼还可识物。去看了《吟唱诗人》这部歌剧，戴着绣有葡萄的帽子，还在帽子上喷了点古龙香水，不过是亚历山大·麦克唐纳陪我去看的，切弗恰好身体不舒服，可是我带着便携椅、脚凳，和一大堆文件离开后，他就奇迹般地康复了。那么，亲爱的，你知道如果他们愿意，他们能变得更好，但不知为什么，他们不愿意，原因不在他们身上。

女人，万物之最，受苦之最。

1882年，茱莉娅给哥哥山姆的一封信中说道："波士顿的生活让我时常落泪，有种疲于奔命之感。我一直努力想要做好，平衡好所有一切：家庭、社会、艺术、革新。我四处奔走，有时觉得自己就像只可怜的蜘蛛，没能织出一张网……"

写给哥哥山姆的信

1883年3月28日

亲爱的哥哥，

我欠你两封长信，一想到距上次你看到我潦草的书信已过去好久，不禁万分惭愧。当然，还是老理由，各种工作，我都要忙死了。好的一点是这些工作我都很感兴趣。借用圣徒保罗的话："我愿意行的善，我没有去行。"给你简单说说我的工作，我刚刚写完一本简短的《玛丽亚·米切尔回忆录》，她是瓦萨学院天文学教授。这个任务很有趣，但干起来必须细致严谨。同时，我还校正了莫德（茱莉娅的小女儿）写的关于我的回忆录，这本回忆录将和杰出女性传记系列丛书中的其他书目一起出版！我认为我承接的工作往往超出了我能力范畴十倍，而我也只是完成了其中的十分之一，在这方面我很杰出。上周三在纽约，我主持了女性大会的年中会议……前几天萨尔维尼来家中拜访，他光芒四射，送我昨天晚上《亡命之徒》的演出门票，用意大利语来说就是《民事死亡》。我穿上最漂亮的衣服，和哈利（茱莉娅的儿子）及劳拉一起观看了演出。我收到了一些非常漂亮的玫瑰，第三幕结束，演员又回到台上时，我把花投掷到了舞台上。今天，在街上遇到了温德尔·菲利普斯，我叫他来看马里昂（茱莉娅的侄子），马里昂写的有关英国在印度统治的文章发表在纽约的《论坛报》上，他非常喜欢。菲利普斯问我怎么住在这个地方，我告诉他这是你买的房子送给我作礼物……

写给哥哥山姆的信

1883年5月10日，橡树谷

……这些天我一直一个人待在这里，好多昔日好友的魂魄陪伴着我，每天完成既定的工作任务。忙着写玛格丽特·福勒的生平，大部分是按已经出版的回忆录而改写的，但也是以我自己的想法重构的。出版商催得很急，每天我尽我所能不间断地持续工作，即便是我开足马力，进展依然缓慢。完成当天的任务后，读会希腊语，及随身带着的意大利小说来放松自己。今天下午，我就坐在在西部广场一角，就在去年夏天你和我常坐地方的旁边，惬意地沐浴着阳光，这里一切都看起来美好亲切。

写给哥哥山姆的信

1883年12月15日

亲爱的山姆哥哥，

我必须马上给你写信，不然我的沉默会变成我都难以跨越的汪洋大海……这一年，工作繁忙，时而像被钉到桌旁般，卡着点完成各项任务；时而四处奔走，传播我的信仰……尽管依然还有很多伏案工作，此刻我就像骑着扫帚的女巫在空中翱翔。大会是10月中旬在芝加哥召开的。从那里，我又去了明尼阿波利斯……哈利和他的妻子住在那里，支付了旅途中他们的开支，小费给得很是大方。小房子舒适温馨，经过无数旅途劳顿后，我能深切感受到家的优点，毕竟在他们小两口这里住的时间也不长……波士顿热闹非凡，有欧文的演出，马修·阿诺德的演讲，坎博的朗诵以及即将到来的歌剧。佩雷海钦特也一直在这里，莫祖达尔是位非常有名的印度人。由于外出，我错过了许多上述活动，但是昨晚听了阿诺德关于爱默生的讲座，也听了坎博的朗诵。我认为阿诺德一点都不了解爱默生。他是英国人的思维，绝对方方正正，一板一眼，毫无明智的预见，演讲十分乏味。演讲完毕，温德尔·菲利普斯走上前去，用优美的语言向他道别，就像玫瑰恭维白菜……

1884年5月19日，一封来自意大利的电报说："塞缪尔·沃德安详离世。"

茱莉娅在日记中写道："没有什么比这个打击更出乎意料，亲爱的山姆哥哥早已宣布脱离危险……近来听说他身体虚弱，又再度感到焦虑，对他突然病故完全没有一点思想准备。"

"5月20日。今天和昨天，时光黑暗空洞，病快快地提不起精神做任何事，只是一味地回忆过去。"

"5月27日。亲爱的山姆哥哥的逝世让我看到了父亲所在的那片海岸，轮到我穿越海岸时，希望我已做好准备。"

写给妹妹路易莎的信

最亲爱的妹妹：

你的来信详细地记述了我们挚爱的人在这尘世中的最后一段日子，这正是我想看到的，这封信之前，我就欠你一封回信。你和安妮都给我寄来信，仿佛痛失山姆对我打击最大，我只是觉得我感受的痛苦还不足一半，沧桑人世的苦难啊，我还未品尝一半。在那些思绪迷乱愁苦孤独的日子里，他受了很多不该受的罪，而我却舒舒服服地待在自己的家里！

……天知道，我有充分的理由爱他，他对我的情感是如此忠诚真挚。现在我体会到我是多么不珍惜他的情感，我那愚蠢不切实际的脑袋里塞满了各种妄想，把这份本该占有重要位置、最宝贵的亲情挤到了一边。他的逝世对我和莫德（茉莉娅的小女儿）是个巨大的损失……我们一直打算和他重逢，一起幸福地过上几年。我们俩的美好愿望就这样破灭了。没有什么能够取代他在我们俩心目中的地位……写着信，眼泪不由汹涌流淌。像你一样，我渴望能够和我们这一代幸存的两人促膝长谈。孩子们对这件事的感受和我们的感受完全不一样。他们属于未来，我们的时光不属于他们。我从他身上学到的经验是：我们很难正确判断他人的优劣。我就认识一个人，表面看起来毛病很多，但却有颗金子般纯净善良的心。一想到他冷冷清清的葬礼，孤零零的墓穴，我便心如刀绞，有时我思量或许那个地方是人们中意的长眠之地……亲爱的，给你写信时，撕心裂肺的痛几乎要超出我的承受极限。

现在让我唠唠还活着的，告诉你我们现在那，过得如何……我极其不情愿来这里，想着把我那乱糟糟的可怜之地理顺。当然你知道，新修的那个水坝切断了我的水源，我有法院反对修建水坝的禁令。今年春天，水坝被炸毁了，我的两个池塘，马车，还有一大片仓库也遭到了破坏。我用笨重的方法声讨公正，还未成功。今年担任妇女大会主席一职期间也遇到了很多麻烦。每天早晨，我一睁开眼，忧愁的黑狗就向我狂吠不止，渴望能摆脱这些烦恼……

"1895年4月8日。傍晚时分，儿子哈利来了，拐弯抹角做了番铺垫后才告诉我亲爱的安妮妹妹去世了。我一直在努力工作，确保完成本周计划的工作，却迎来这深深的沉默，这种寂静肯定会持续一段时间……"

写给女儿劳拉的信

1895年4月14日，烽火街241号

复活节快乐，亲爱的孩子！

……感恩我的亲人在自己家中溘然长逝，在她挚爱的家人的怀抱中安详离世，并未遭受多少苦痛。她走完了自己幸福的一生，对爱她的人而言，她的离世是一大损失。我们必须学会放手我们的挚爱去见上帝，如同我们将自己也交付上帝一样。毫无疑问，大概是因为年事已高，我并未像我曾经那般悲痛欲绝，只是感觉她比我稍早走了一步，这种想法也减缓了分离之苦。

12点25分参加了复活节仪式，给我的灵魂以安慰净化，已过了任由泪水恣意流淌的年龄，只是些许泪水滑落。在牧场的这个荒凉复活节我想了很多。对于她们(逝去的亲人)，我们也希望这个充满祝福的季节带来安慰……

爱你的妈妈

"1897年9月23日。刚收到罗马发来的电报，我最亲爱的妹妹路易莎于昨天早上去世了。就让我希望她是从痛苦的疾病中醒过来，进入了一个无比荣耀的新精神世界。她这一生无可挑剔，最为圆满。她青春貌美时就去了罗马，待人无私热情，仁爱慈善，她和我亲爱的妹妹安妮一样是一个出类拔萃的人。啊！唯我独留于世，是亲爱父母唯一还在世的孩子，上帝允我余生向善而生！上帝助我在剩下不多的日子里安顿好我的房子，愿我的生活工作，或者说我微不足道的努力都能圆满。"

丈 夫

萨缪尔·格里格利·豪的生活精彩纷呈，富有传奇。从布朗大学和哈佛医学院毕业后，1824年他把自己的命运同希腊人民命运紧密相连，参加了希腊独立战争，六年来和希腊人民一起在陆地、海上浴血奋战、历经磨难。起初在希腊军队的战船上当外科主治医生，后来去了战舰。部队的一位战友说道："他身上发现的唯一缺点就是他总在战斗，而战事结束时他是唯一幸存的外科医生。"

1831年豪医生回到美国，致力于盲人教育。他一生从事多种工作，但教育盲人是最主要的一项工作。茱莉娅在《塞缪尔·格里德利·豪回忆录》中这样描述丈夫所钟爱的事业："在相当长的一段时期内，一听到劳拉·布里奇曼（茱莉娅丈夫的盲人学生）的名字，人们自然会想到古今慈善事业中最辉煌的一大功绩。要不了几代人，善良人士所做的许多善事很快就会从忙碌的人们的记忆中消失。人类代代相传，繁衍生息，每一代人都有自己特有的使命和趣味。但世界很难忘记这位年富力强的男人展现出的非凡勇气及耐心。他耗费数载，攻下那座漆黑一团，与世隔绝，几乎无法打通的城堡，在城墙内广播思想圣火，激发生命活力。"

1841年，茱莉娅·沃德第一次见到豪医生时，他已在帕金斯盲人研究所所长一职上干了九年，被认为是整个文明世界中教导盲聋哑学习语言的第一人。那时失明者或聋哑者被划分为白痴一类。正如黑石所言："人们无法了解他们的心智。"豪医生和他们想法截然不同。简而言之，他创建了一门新科学。"他小心翼翼地推导出每一步,完整清晰地记录下他所创建的方法,不光是为了学生,也是为了受苦痛的整个群体,帮他们开创一条获得他人理解接纳的通道。后来所有的案例研究都运用了他的这套方法,经过七十年的检验,这套方法依然是该领域的行业标准。"

虽然豪医生比茱莉娅大十八岁,这位身材挺拔的军人,头发乌黑,眼睛湛蓝炯炯有神,容光焕发,当他活灵灵地站在她面前时,犹如利剑射出光芒——直插茱莉娅的心田;豪医生也从朋友的描述中认出了"女神茱莉娅"。

茱莉娅给哥哥山姆写下这封信:

切弗说得不错——我是他弓箭、长矛的俘虏,他的真诚、他的奉献赢得我心。过去已从我视线里消失了,我似乎看到我已和他在未来一起生活。生活就是真爱的模样,平静又敞亮。能嫁给少女时代梦想中的人,像他般如此高尚、诚恳,我十分心满意足。他会使我的生活比梦中还美好。

切弗十分霸道地说他无法忍受一天看不到我,我必须留在这里,等他能和我一起回纽约。切弗非常无礼,我说需要两三年,他说只需两三月,似乎已决定用他自己的方式行事;但是,亲爱的兔子,切弗的方式又令我着迷沉醉,从今以后,那也是我的风格。

1843年4月23日,塞缪尔·沃德家中办了一场安静的婚礼。四天后,切弗和茱莉娅一起乘船前往欧洲度蜜月。抵达伦敦不久,查尔斯·狄更斯就来拜访这对新婚夫妇。他不但邀请他们吃饭，而且还把他们带去一些普通游客断然不会去的地方：监狱，济贫院、收容所，这些地方对豪医生来说比剧院或画廊更有趣。甚至还会去一些暴露社会阴暗面的地方考察，那时茱莉娅和妹妹安妮则必须待在家里。豪医生和社会三教九流各式人物交往，乔及奥利弗·特威斯特的作者，马夏尔西监狱的孩子们能向他展示别人无法展示的东西。下面的便条，毫无疑问是狄更斯所写，展现出他如何安排此类考察，以及豪医生对实地调查的喜爱：

亲爱的豪，

今晚坐马车去圣吉尔斯教堂。十一点半候在那里，特蕾西会打扮成神秘的威尼斯人将头伸进马车里，低声叫出你的名字。跟着他走，信赖他。

现场再无他人。

面具

1843年6月9日

1844年，夫妻俩拜访了爱伯利的南丁格尔。弗洛伦斯·南丁格尔，当时是位二十四岁的年轻女子。她和茱莉娅夫妇自此结下了温馨的友谊。她就萦绕在她心头的困惑咨询了豪医生。她问道："一个年轻的英国女子是不是不适合投身于慈善事业，不适合像天主教姐妹们一样在医院或其他地方做慈善工作呢？"

豪医生回答说："亲爱的弗洛伦斯小姐，这很不寻常。在英国,任何不寻常的事常被认为是不适合的。但是我想告诉你,如果你有这种志向的话,向前走,追寻你的梦想,你会发现,在尽职尽责做善事的过程中，没有什么是不适合的或者是不适合女士做的。"

豪夫妇给二女儿起名弗洛伦斯以纪念南丁格尔。南丁格尔小姐成了孩子的教母,送来一个金杯,并写下如下话语:

1945年12月26日,爱伯利

亲爱的朋友，得知你以我的名字为小孩起名，以此来纪念我;我真的无法掩饰我的感动和喜悦。此生若能不负您的高抬与厚爱,也不枉来世走一遭。这种念想以及您的美好都是鼓舞我坚强的巨大思想动力,助力我面对各种"小磨难"。我希望不久之后,就能见到小弗洛伦斯,即便见不了面,我相信我们之间已有缘分相牵,这份缘来生来世永不断。若她像你,即便脱离了肉体的依傍,我相信我会在天堂认出她的魂魄,或许不识肉身更好。

新婚夫妇本来打算从英格兰出发去柏林,但十一年前普鲁士国王把豪医生秘密监禁了五个星期（应拉斐特将军的要求）,因为他给某些波兰难民提供救济,他现在依然被视作危险分子,普鲁士的大门对他及其家人是关闭的。霍瑞思·曼恩认为这事很可笑,写信给豪医生:"我知道普鲁士国王大约有二十万人的常备军，如果有必要的话，他可以把他的兵力增加到两百万。这也显示出他对你个人力量的重视！"

多年以后，国王奖给豪医生一枚金牌，感谢他为盲人所做的工作，巧的是这奖励的价值恰好和医生被迫付柏林监狱的食宿费用相等。

1844年9月，茱莉娅夫妇蜜月旅行后回到美国，定居于位于南波士顿的帕金斯研究所，住在"医生之翼"的公寓里。茱莉娅现在体会到了她的生活已经发生了巨大的变化。在纽约，她是家人及朋友圈中公认的女王。而在波士顿这个荒凉的慈善所，她时常感到孤独无助。丈夫切弗忙于工作，无暇休闲，鲜有社交娱乐。虽然丈夫心地善良，但性格霸道，循规守距，认为已婚妇女就应将精力花在操持家务和养育子女上，反对茱莉娅抛头露面，追求自己的爱好和兴趣。1854年，茱莉娅匿名出版了诗集《激情之花》，流淌的诗句中记述了婚后生活的不幸和悲伤。很快，诗集的作者成了公开的秘密。切弗觉得受到公然的羞辱，夫妻关系出现危机。

茱莉娅在写给妹妹的信中说："切弗勃然大怒，我一度担心他会把我送入疯人院，他举止狂暴。"多年后，她在日记中叹息道："到今天为止，我结婚整整二十年了，这些年来，丈夫对我所珍爱的东西——书籍、诗歌、文章、任何事，从来都没有表示过认可支持。在他眼里，这些都无足轻重，不符合他的行事方式，这让我无比痛心，又惶恐不安。"

夫妻俩曾考虑过离婚，但切弗以两个小孩要挟，茱莉娅最终放弃了离婚的念头。在给妹妹的信中,她心酸地说道:"我宁愿放弃一切在我看来珍贵神圣的东西,没有什么能迫使我离开我的两个孩子……为此,我不得不作出巨大牺牲。"

随着时间推移,夫妻俩彼此调整适应,切弗对妻子的追求表现出了宽容和体谅,他们的婚姻也步入了正轨,感情日渐浓厚。

1866年8月,克里特人奋起反抗土耳其人的压迫,为自由英勇奋战。一开始,豪医生就密切地关注着战事:有消息传来,勇敢的克里特人民,妇女和儿童,都饱受战争摧残,医生觉得要帮助他们,如同四十年前他曾帮助过他们的父辈一样。

那时他已六十六岁,但看起来还年轻。在他召集的第一次大会上,他站着说:"四十五年前我关注希腊革命。"听众很惊讶。他头发只是略微花白,眼睛明亮,身板笔直,英姿飒爽,就像1826年他在希腊旗帜下作战行军时一般模样,安德鲁总督这样称赞他:"主席先生,恕我冒昧直言,如果我们所有人今晚都沉默不语,如果那些澎湃我们血液,激励我们心灵的雄辩之声沉默如坟。先生,您的出现,比千言万语更有说服力,让我们想起整整一代人的一生。四十年前,您赤手空拳夺下苏里埃特刀片,今日又以如此年龄为捍卫青春事业再次发声。"

豪医生为克里特岛筹集了三万七千美元。1867年3月,出于人道主义精神,豪医生为希腊再次出征。在访问克里特以及各个难民据点后,医生认为必须获得进一步的援助,尽管从美国带来的捐赠物品很充足，但还是无法满足需求。

1870年至1871年冬季，圣多明各共和国总统发出紧急请求，希望并入美国。格兰特总统指派了一个委员会访问这个岛屿共和国，要求摸清状况，提交报告。豪医生便是委员会中的一员。

1872年，茱莉娅在日记中写道："和亲爱的切弗散步，他的话语总给我启发，每一次长期习惯了的生活被打断都能向我们显示一些需要改进的事，这次这么长的分离后，我看到哪些地方需要改进呢？我必须努力争取更多融入真实的生活。无论是我自己的思想，或是在被动追随他人思想过程中，要确保我的同情心及意志力不消减。每天必须对照，确保不偏离生活的使命和设立的标准，避免从一个极端走向另一个极端。这个冬天我必须演讲挣点钱，希望能传播一些好的教义……"

1874年夏天，豪医生撰写完成了帕金斯研究所第四十三份报告。在报告中，他重新审视了毕生致力的工作，他觉得这可能是他尘世中的最后一项任务；然而接下来的夏天，他依然从事所熟悉的盲人工作，依靠虚弱的力量劳作着，当眼睛和手不再听从大脑指挥时，他向忠实的秘书口述工作。尘世中的凡夫俗子无法理解他，他如何奋斗、辛劳、受苦，直至战斗到最后一口气。

1876年1月4日，豪医生陷入病危，昏迷了好几天，等待最后的召唤。丈夫病故后，茱莉娅在日记中写道："四点半醒来，静静地躺着，忍受着上帝的惩戒之手，留怜悯于我。一些善语传进我耳朵：'别让你心烦恼''他不情愿你受苦'……失去了亲爱的丈夫，现在只剩下我那愚蠢的文章，我可不常常为了文章而冷落了他，上帝接纳我生命中可怜的努力吧！"

在孩子们看来，母亲和父亲的结合，即使是死亡也无法阻隔。豪医生走后，茱莉娅又活了三十四年。但凡她和孩子们深入讨论重大问题，或涉及国家议题时，她总会说："你父亲也会这样想，这样说！"在某地，有人曾告诉过她：在纽波特，她因噪音从梦中惊醒，呼唤着丈夫的名字。他在波士顿居然能心灵感应，听到她的呼唤，并在下次见面时问："你为什么喊我？"在她弥留之际，倘若受到惊吓，她总是大声叫着："切弗！"

子　女

茱莉娅的女儿曾深情说道："母亲屋内，每个孩子都有特别的房间，虽然每间房都未上锁。凡是与哲学有关的东西，大女儿茱莉娅就是她亲密的知己，凡涉及女性选举及俱乐部活动事项时，她自然会转向该领域的热心工作者——二女儿弗洛伦斯，寻求帮助，获得情感共鸣；与儿子哈利在一起时，她专注欣赏音乐；与三女儿劳拉则谈论书籍；小女儿莫德则是社交家庭事务的'总管'。故而，直到母亲生命尽头，我们这些头发灰白的孩子靠在她身边，黏着她，就像我们小时候一样。"

在茉莉娅看来，她能带给孩子们的乐趣，一件都不能落下。

孩子们开派对时，人道和缪斯（代指豪医生和茉莉娅）常常站在一旁观赏，这可不是其他孩子举办的普通派对。父母双方能投入其中，贡献他们的力量，这是多么值得称颂的事啊！

茉莉娅描述过其中一场活动：

"四点钟，客人们坐着小马车来了。我给家长的便条中包括以下信息：户外活动包括驴拉车、荡秋千，打保龄球，及各种稀奇古怪的玩具。与此同时，我们还准备了舞台剧表演，配有简要剧情概述。剧目的名字是《蓝胡子》。

"舞台前面配有脚灯，用窗帘当幕帘。效果出奇的好！舞台剧共有四场。我的一个古色古香的柜子被改造成了蓝胡子的柜子，柜门打开时，我们齐声欢呼，看着这个疯狂的景象，孩子们的脖子一个个伸得老长老长。四个女子昏厥倒地时幕帘拉上了。第三幕剧，我们用力擦洗着致命的钥匙，我大声叫喊着：'试试这个马油，这个马油是专门为我们准备的，你们知道，如果我们无法成功开锁，必然会被绞死。'这是临时加上去的台词，逗得观众哈哈大笑。为了避免身子晃动，我弯下身来蹲在了洗钥匙的桶子前。长话短说，我们的演出很成功。之后随即吃晚饭，有四张长桌子供孩子们坐，每张桌子能坐二十人，冰激凌蛋糕，牛奶冻，香甜的糖果、橘子等等，晚餐佳肴也是当时流行风靡的美食。我们进餐比客人们稍迟点。三辆满载着孩子们的马车驶离大门,最后九点钟,大人们才散场。"

还写道:

"我为我们的洋娃娃剧社写了一部剧目,昨天搬上了舞台,大获成功。演出将近一小时。切弗操纵木偶表演时,我交替发出嘟哝声或咕噜咕噜声。效果出奇的好。观众们坐在一间黑房子里,屋顶上挂着一盏灯,照亮了整个小舞台,视觉效果相当棒。"

对孩子而言,爸爸妈妈就应该陪他们玩耍,给他们唱歌、讲故事,为他们擦洗肿块,陪他们去看牙医,父母做这些是理所当然的。但当孩子们长大成人回望过去时,不禁疑惑他们的父母是如何做到养育六位孩子,同时还能兼顾那么多的社会事务呢?在孩子们看来,原因有以下四点:其一,父母两人工作效率高;其二,父母都有引领激励他人工作的能力;其三,父母从不浪费时间;其四,父母从来没有闲的时候,总有任务等着他们立即开工。

1859年圣诞节,茱莉娅产下次子,起名塞缪尔·格里格利。这个最小的,或许也是最亲的孩子,带给夫妇俩三年的快乐时光。1863年5月17日,小山姆死于白喉综合征。

"我最亲爱的,回忆并写下这些事让我非常痛苦,我这样做不是为了自讨苦吃,只是想对你的生与死,能有一个永久的记录。除了亲友之爱外,你能被记住的东西实在太少,但是,亲爱的,你的样子永远深深地刻在妈妈心头。我这辈子都会为你悲伤，最亲爱的孩子，没有你，我想我可能会早死，活不到你还在人间并带给我快乐的那个年龄。或许我写这些东西很愚蠢，跟你交谈仿佛你能懂得我写的东西。但是，我的小可爱，想到你的灵魂还活着，你能对我有一点了解，这让我倍感安慰。"

"亲爱的，你的葬礼是苦涩悲痛的。善良的上帝送来痛苦，也会送来安慰，但哭泣的眼睛和破碎的心需要和痛苦做斗争才能获得安慰……"

"这个小小的葬礼没有灵车。小白棺材放在马车的前排座位上。走到奥本山大门附近，我意识到离别在即。打开棺材，握着你可爱的小冰手，无声地和你道别。最亲爱的孩子，写到这，我必须停下来，想起那最后一刻让我心如刀割，我不能再多说一句话，不想再说那早已摆在我面，毫无尽头的孤独和凄绝。上帝知道我为什么失去你，知道因为失去你，我遭受了多大的痛苦，他也知道何时我能再见你。基督说此生后我们会有来世，最亲爱的，我希望如此，我明白倘若我灵魂不朽，上帝怎会忍心令你我永久分离而惩罚我。所以，甜美的山姆小天使，我们会再相聚。上帝应允我余生配得上这样的希望，这一希望比生命本身还珍贵……"

从摇篮里开始，茱莉娅就是五个孩子的欢乐之源，是他们的首席音乐家，是他们思想和灵魂的灯塔，鞭策着他们前进。

医生丈夫的薪水向来不多，孩子们在教育和社交方面必须尽可能地占有优势,她自己年轻时打开的门不应对她的孩子关闭;再次,为了招待他们的朋友(虽然以简单的方式),为了应对贫困者的求助,这些对这对夫妇来说都是必要的事情,他们会经常感觉缺钱,这毫不为奇。茱莉娅的日记中可看到焦虑经济的记录,不是为了自己,而是为了孩子,后来是为了孙子孙女。她习惯了花钱要精打细算,克服经济紧张,并教导子女不要过多考虑经济,要看重生活中真正重要的事,虽然她一直受经济压力之苦。

茱莉娅的爱一直伴着孩子们成长:她操心着孩子们的牙齿,头发,眼睛,音乐,舞会,更不用说法律上要求的那些更重要的事情。孩子们长大后又有新的操心:孩子们舞会礼服、派对鞋子以及未来伴侣。她和女儿一起去参加晚会及聚会,如果她们跳舞,她很高兴;如果不跳,她欢快的笑容背后便隐藏着悲伤,第二天会在日记中暗暗叹息。

浪漫在弗农山路32号上空盘旋。大女儿茱莉娅和迈克尔·安纳格诺斯订婚,弗洛伦斯和大卫·普雷斯科特·霍尔订婚,劳拉与亨利·理查兹订婚的消息是在茱莉娅订婚后不久宣布的。

1871年,三场婚礼间隔几个月相继举行。与此同时,年少时恶作剧不断,让父母头疼的哈利从哈佛大学毕业,在麻省理工学院工作了两年后,开始从事冶金学工作。1874年,他迎娶纽约特洛伊的维拉德·盖伊的女儿范妮为妻。

最小的女儿莫德和苏格兰画家约翰·艾略特1878年在欧洲相识，于1887年2月7日喜结连理。尽管聚少离多，但艾略特及家人一到美国，就以岳母茱莉娅的家为家。茱莉娅和女婿之间的感情深厚，三人的亲情友爱与母女两人时相比，浓度丝毫不减。

第二章

文学创作

诗 歌

从儿提时起，朱莉娅用诗句表达自己的需要就十分强烈。每一种情绪，深沉强烈或微不足道，都须以韵律的形式表现，在诗歌里，她笑着，哭着，祈祷着，甚至咆哮怒吼着。

在梦幻般的少女时代，她祈祷

哦！把我的黄金七弦琴还给我

后来，她祈祷

在主妇饱经沧桑的披风上

绣上诗人的花冠

以下是茉莉娅的部分诗歌节选：

先 祖

我的先祖，古朴有趣，

名门望族恪守古训；

祖根上溯英国，

统领一方百姓。

我必和先祖同消亡，

爱的黄金网，

环绕生者，环绕先祖，

带我们在天堂与先祖聚守。

托儿所节选：四十六年前

当我还是个小孩，

激情狂热的保姆说：

孩子，要洗得又白又净，

上帝晚上随时造访。

紧抱柔弱的哥哥，

我疑惑地悲唤：

不，我们不能这么早就死，

某个中午，你答应过。

风平浪静，岁月静美，

人间万象，浸透圣光。

不满五岁者喊，我没看到，
你承诺的静美岁月。

温柔的，女人的手，
解开我连衣裙丝质裙带，
温柔地抚摸那狂躁的脑袋，
那满头罪恶的红发，
她轻声地说：
孩子，每一天都是岁月静美。

静默，痛思，我恐惧地等待，
等那辉煌荣耀的岁月到来。
等没有风暴的春天，
等温润甜美的夏天，
等强健有力的秋天，
等晶莹剔透的冬天。

我要洗得又白又净，
上帝晚上随时造访。
离别之际，我必须告诉他，
我没看到他的静美岁月，

人类年轮的指针听命于造物主的刻度盘；

报时钟声宣告每小时的诞生，

唯有时间能检测出永恒的真理。

茱莉娅很小就开始写诗。一本她早年诗集手稿保存了下来，其中有几首诗是写给父亲的。这里引用了标题页和献词：

诗　集

献给

塞缪尔·沃德先生

爱女

茱莉娅·沃德著

我愿是您亲人！

勿用挑剔的眼光评阅

纽约

1831

献给塞缪尔·沃德

敬爱的父亲：

不要期待在这些少年创作的作品中能品味到伟大光荣的父

亲您写作时常展现出的飞扬文采。事实上，我也知道作品里有很多错误，但我的目的是把原作呈现给您，让您忆得起我小时的生活。我恳请您记得这是我十一、十二、十三岁时所写。

爱您的女儿
茱莉娅

诗歌的题目展现了孩子思想发展脉络：《一切终将逝去》《我们再也回不去了》《青春之约》《致我亲爱的母亲》《是我让你完整》《补偿的爱》《我的天堂》。

1831年，在纽波特，她写了以下诗句：

晨 颂

此刻我看到清晨的曙光，
明媚绮丽，
上帝保我昨夜无恙，
倘若必要，他将佑我，
安度今宵。

愿圣灵播撒，

天之圣光。

主啊！我愿寻到您的脸庞，

奈虚弱乏力，

啊，指引我追随您的步履。

主啊，赐予帮助，

人生途中，

路断命尽时，

我的魂魄升入天堂，

与您，我的上帝，同在。

《父亲的生日》感情充沛，以下是其中的一节：

路易莎送您一款罕见的坐垫，

安妮献您亮晶晶的牙签，

啊！请接收我的礼物，

一首女儿的诗作。

1834年，茱莉娅十五岁，几近成熟，这样描述自己：

徒劳的悔恨

翻看往日日记，语调严肃，不禁有感而发：

哎！欢快的日子已逝，一去不复返；

那是快乐记忆的源泉，

哦，欢乐的时光，载着平和及欣喜，

忧郁的胸膛挤满希望欢喜。

以下这首诗写于1839年，以此悼念严厉慈爱的父亲。

照亮寂静大厅的火炬，

现已熄灭，

灵魂之窗漆黑一片，

一切都是阴郁的。

看呀！天堂有颗星在闪耀，

穿过死亡笼罩的寒夜，

宏伟建筑的残骸，

幽幽地发着光。

这是一颗引导星，

为我们加油，给我们指引，

我们要如您般生，

像您般死。

面对生育，曾经的犹豫担心转为喜悦，她在诗歌里这样写道：

我曾，

置身于危险的山川大洋，心无所惧，

闯过狭窄的鬼门关，

迎来胜利的奖赏，

（混沌混乱中天使般的胚胎已平安着陆）

希望满怀，勇气无限。

生孩子之前，她并不指望能闯过这道鬼门关，然而经历过分娩后，一个新世界在她面前展开。

他赐予母亲一颗坚强的心，

他赐予母亲一双警觉的眼睛，

他赐予我生命，但你在哪，

在高空中深情凝视，默默祷告。

母亲天使对我轻语，

声音无比温柔：

善待他人之子，

你子终得善待！

米尔斯家人还精心的保存着《米尔西亚德》这首诗的手稿。
第一节和最后一节点出了这首诗的主旨，虽然从未出版，但却是
茱莉娅的最爱。

我的心满是

杰出的米尔斯的身影：

他的眼睛，鼻子，

双腿、胳膊、手指、脚趾。

那片未曾征税的荒蛮土地，

他不带斧去闯荡，

砍倒树木，

何来森林？

温顺的瀑布皱起眉，

密西西比河的鱼儿咧嘴笑，

（我的风格很豪放，

如同米尔斯的大鼻子。）

借助风，借助雾，借助西部竖琴，

我们歌声传遍祖国，

我已滑落至链条尽头，

必须松开手，任由你颤抖。

双手密密缝起耻辱的格挡，

思想孕育营养佳肴，

我必须像教区执事般清醒，

有鱼可煎，煎自己的鱼。

比我幸运的缪斯会破解你的咒语，

西部竖琴，哦，双子星座！再见！

以下这首诗是茱莉娅为自己的丈夫而作。

素　描

一颗伟大悲伤的心，铁的意志，

一腔无畏鲜血，始终流淌如一，

胆怯惶恐，果敢刚强，

勃勃生机，集于一身。

猛士的缰绳，悸动的马刺，

扬手挥舞，长鞭凌厉，

雷厉风行，只争朝夕，

加速、鼓劲，动力无穷。

他策马纵横，雪里送炭，

从不邀功请赏，

善举赢得世人感激，

黄金或赞辞都不能让他停歇。

他眺望境外，绝非贪婪，

眼神炽热，

一年一次笑容绽放，

那是圣诞节的回馈。

感谢诗人为他谱诗，

《黑暗倒塌》应为其名，

无知的孩子不惧危途，

无畏闯险地。

众神忘却有益的礼物，

皆因他暴狮般的性情；

与他旗鼓相当的女人，

定是态度坚决,性格刚毅者。

红色胜出

车轮滚动,纸牌摆定，

圆圈已画,赌注已下，

我掷金豪赌红色。

胸膛犹如红宝石，

生命之河,奔流不息,圣洁神圣，

红色血脉光芒万丈。

纸牌犹如血栓，

藏身于破碎的桃心或方片中，

红色是信仰，是磨难。

红色是脸颊羞怯的绯红，
处女赤诚之心，
期盼赢得意中人。

玫瑰柔美了夏天，
君主身着丝绒礼袍，
红色是不可饶恕的背叛。

男人讨伐劲敌，
穿越冰山雪地，跨过汹涌江河，
红色是众神之激情。

此刻，红色是爱情，智慧也苍白，
怜惜人心脆弱，
只有爱遇到爱，才会撞出声声欢呼。

我看到歧见，打着呵欠消逝了，
仰望头顶朗朗苍穹，
我用生命赌红色。

霍姆斯这位独断专行者的诗深深地打动了茱莉娅,在《英联邦日报》近期出版的日报上,她曾严厉地批判了他的文章。在一首题为《蒙哥马利广场愿景》的诗中,她把自己描述成包裹严实的忏悔者,敲着霍姆斯的家门。

我是俏皮的英联邦:
哦! 帮我来悔改。

枪炮全副武装,
抓住每个攻击机会,
制作标语,奋力挥舞,
刚愎任性小聪明。

轮我街中走,
只身一人闯险境;
竭力勇敢去奔跑,
新闻舆论轮番炸。

途经你阳台,
料想唯有打,
占尽地利如你却从高处弯身,

递我一朵玫瑰。

玫瑰,浓郁的深红色生命,

透着香甜芬芳,

喊上你朋友,看我,

当街忏悔。

国　旗

决定命运的一刻已到来,

苦难的战争让这一刻无比凄凉。

捕捉风中讯息,

梦境中我高跃,

诗歌钉上祖国的战袍,

这首诗不会被遗忘,

正义王冠里生长出星条旗。

追　忆

你又藏起来,再也不出来,

任凭阵阵敲门声;

悲痛母亲,悠悠苍天都无法恢复

心灵的喜悦和家庭的芬芳。

我和他人在天堂外,

纵万般不愿,唯有忧伤顺从,

痛苦接纳上帝的安排

他甜蜜旨意如此简短。

我的山谷

逃离匆忙的城市,

逃离乏味的人事,

在金色的山谷,

数我阳光明媚的余日。

熟透的秋季,金光灿灿,

犹如黄色火焰在燃烧。

烈焰骄阳紧追不舍,

犹如夏日鬼魅附体。

流水边漫步，
古怪念头汇成银色丝线。
踩着柔软的落叶地毯，
思绪纷沓涌来。

振奋精神，保持勇气，
驾船迎风破浪，
你将驶出危险流沙区，
重塑未来。

你为歌谣故事而生，
为笔杆而生，
能活到孩子的孩子，
重温为娘的幸福。

你来日方长，
余岁流年将收获，
香甜的秋果，
那是对春播的应答。

途径黑暗之地，

植理想于胸。

你一路灵魂无虞，

参悟玄奥信仰的深意。

路过那寂静的旧入口，

天国八福发端地，

保持平衡，

罪与罚对等。

踩着柔软的落叶毯，

听着圣灵的低语，

告别山谷,冥想,

圣灵仁厚的预言。

年少狂妄,雄心勃勃,

从未觉得此等生活有何珍贵。

你将成为外婆，

工作,离世,无所畏惧。

现今,我已得至尊天恩,

只需再添一点,我说:

在这位妇女历经风霜的斗篷上，

绣上诗人的花冠。

祖　国

她的名字刻在古老的石头上，

她的丰碑从圣洁的墓场拔地而起，

刻着她名字的金色种子，

带着祷告飞越滚滚大洋。

山林庄严垂首鞠躬，

森林大敞家门；

温顺的河流牵引探险者，

相拥奔向海洋。

直到锦绣山川,州州相连,

扩宽处女地的弥撒衣；

贤人学者,智强手巧,

绘出灼灼美德编织的腰带。

啊,被流放的愤怒国王!

啊,自由诺亚方舟的朝圣者!

神圣信仰的避难所,

务必恪守信条。

在绚烂的眼前,

先用皇冠加冕真理;

右手奋力抛洒,

让爱的喜讯传向至远。

愿公平公正,不折不扣,

谨遵万民夙愿;

愿商船碧波畅行,

无劫掠暗流之虑。

融国运于恩主,

顺乎天道;

武士,星辰向你致敬,

伟业,风暴天使为你喝彩!

女 性

女性满怀希望编织生活，
将致命激情沉淀至清，
扼住狂暴意志去听去看，
遵循天堂指引，按捺忍耐。

她的路上没有多少分叉，
从不讴歌竞技场上奋力拼搏，
静谧，如无焰缭绕的香火，
一生需何等耐心。

阿马尔菲镇

快点，快点，
小镇上上下下劳作忙。
铁铺叮叮咣，车轮吱吱呀，
梭子飞跳，线卷旋滚。
饥饿来了。

女人全动手，
共担农活。
小孩皆有份，
田头劳作。
饥饿来了。

好逸恶劳者，
酒店油店，
仅够果腹，主妇之噩梦，
你应节俭，要勇敢。
饥饿来了。

这里，盲人拖了后腿，
这里，跛子衣衫褴褛。
乞丐乱作一团，
摇帽乞怜。
饥饿来了。

哦，耶稣会路过这里吗？
你没必要祈祷。
他会徒步来查看，

一切深深的苦难。

救援来了。

他会抚平你蓬乱的头发，

会发现你的溃疡，

会竭力治愈，

上帝灵魂在人心。

耶稣来了。

啊，我的耶稣！依然是你

护佑世界无惧死亡。

你的教义示我：

上帝爱人类，

他的统领来了。

下面这首诗歌是茱莉娅为纪念七十岁生日而做。

七十载春秋，

如同七颗昴宿星球，

合着天堂脉搏轻柔震颤，

追寻那钟爱的姐妹星体。

饱经忧伤，深饮喜乐，

见证光和影的奇迹；

历经征战胜负，

星空流年牵引我们前行；

路现身后，

未来可期，

纵去日温馨甜蜜，

完美天年仍未知。

壁炉之梦

炉火边的身影，

衣着质朴，轻纱遮面，

神妙莫测，

不变的是她的态度立场。

是我忽视了家务，

只顾享乐、写作、阅读吗？

她叹息自责声中，

我看到屋顶木椽在震颤。

不苟言笑者是谁？
哪怕听到我最捧腹的笑话。
吹毛求疵者是谁？
哪怕看到我捧回大奖。

无圣徒为伴，她起身，
黑色煤渣扔一边，
耀眼光芒胜过艳阳下积雪覆盖的奥林匹亚山，
便是煤渣蕴藏的美丽。

啊，义务！神圣访客，
拿走屋中所有的财物，
但求传授我圣洁之法，
告诉我你非凡之语。

一时疏忽浑然不觉，
我匍匐在你脚下，无比敬仰。
除非掌握你神典，
否则生活索然无趣，残缺不全。

休息室

我要建座休息室，
房屋方方正正；
四角各立一尊天使，
面朝太阳，
腾飞，高升，下沉，降落，
日日编织失衡的花冠。

迈着随意凌乱的步伐，
我们穿过长廊；
彻底解脱，死人般休眠不止，
休到爱重生，
旧念迎来新气象，
无须再劳累，无须必押韵。

精选的面包为我们，
搭建起好客的客舱，
知足的金杯。

盛满坦诚的琼浆，

愿乞丐向国王起誓，

心地洁净无欺。

叹我的休息室远在天边，

却不时关我在内，

日日有缺憾，

也有完美作品孕育，

在这工作室，

可否建起休息室。

钟爱之城

她坐落于群山之中，

她的桂冠最荣耀，最珍贵，

她的声音含千调，

银铃如喷泉，汩汩如清泉。

呼吸即祷告，生活等同爱，

为一切美好之物祈福。

子民守着富庶港口，

乞丐透着国王风范。

回首旧传统，

辉煌昨日无人疑。

扉页遒劲大字，

赫然写道：我生而为王。

她广施仁政，

虽曾以武统。

南部艳阳垂青于她，

满怀金光撒向她。

目光触及远方穹窿，

游客心生敬畏，

激动撞击心田，

向导幽幽语：这就是罗马！

虽似小童稚语，

我亦默祷，逝世之时，

你要牢记，

我的心属于你。

茱莉娅写给女儿劳拉一首小诗：

储藏室的鸡蛋架上火烧时，

没有签名，没有便条，

没有电报，

公鸡也没发出警告。

斋戒黎明我们摸黑快速吞蛋，

相互眨眼问候，

若这是最后一个，便是我的祸患，

这就是我们悲伤的想法。

鸡蛋火速送去烹饪，

瞬时变熟，

无论何种甜言蜜语，

难以让人安心。

但你的蜜语，新鲜出炉，

恰逢其时，

消息虽未署名，

我们灵犀互通，知晓那就是爱。

献给西奥多·罗斯福

祝福、准备，

适用于每一刻！

谁能像他般，

众人拥戴，

代表国家？

海洋无法

束缚他，

无畏的探险家

怯于挑战他，

火车也忍他，

快过了极光。

献给西奥多！

愿不再有漩涡，

阻碍前行的波涛。

我们信任他，

实施计划，分辨良莠，

守护我们。

号角吹响，

召唤投身古巴。

那里战火肆虐，

凶险残暴，精心备战。

他率领骑兵，

冲锋陷阵。

献给西奥多！

稳健又周全，

人人都喜欢！

无论南方或北方，

快快赶过来，

为他投选票。

音乐厅

（看着同龄人苍苍白发）

哪堆白雪下，

埋着我春天的玫瑰？

记忆如何得知，

希望在哪安眠？

健忘的心，

犹如黑光笼罩的教义，

遮蔽一切美好的，

让天堂熠熠生辉的艺术。

感官不曾知，

灵魂却记得：

白雪藏玫瑰，

十一月酝酿着六月。

叮当声

朋友！我不求能和你比肩，

这是我愚蠢的叮当声。

盛宴献诗愈发高雅，

押韵偶句，双双对对。

蜜蜂酿得蜂蜜，

绝无理由驱散。

第十六首诗发出耀眼光芒，

那是友情之光，记忆聚集起，

诗稿背后时光，满是荣耀遗憾。

辛勤劳作，困惑烦恼的日子里，

间或冒出几个明艳小气泡，

在永不衰落太阳照射下变成多棱宝石。

我们一起野餐，

炎炎夏日航海，

纽波特沙滩品海鲜，

那美妙的猜字游戏，先生，

你懂得，先生，都是你编的，先生，

多年认真勤恳确需片刻游戏。

他应与圣人齐名，

姓名印上经典书页，

英语、德语、法语、拉丁语、希腊语，细研苦读，

他与埃皮克提图合谋了吗？

他今夜会来寒暄吗？

他博学又受敬重。

他也许不再爬山，

但依然打理清泉，

灵秀诗句笔端流淌，

"昨天"欢欣鼓舞，

世人热泪盈眶，

魔鬼讨要复件，他从未说"不"。

我把诗歌吟诵，

代表众人心声，

催促朋友保持步伐，继续前进，

永不松懈，加油，先生，

我已赚得八十四年，先生，

橄榄枝依然会祝福你，月桂花环依然会缠绕！

当你涂写青年少女，

老者时，请斟满酒杯！

为温特沃斯·希金森，八十岁庆贺

二十岁时他是个好人，

现在是过去的四倍,不是吗?

我们宣布他比过去优秀四倍,胜过最好的自己。

宗教自由国际大会赞歌

（1907年在波士顿举行）

聚集在上帝圣山脚下虔诚的人们,欢呼吧！

各国信徒齐聚一堂,

容貌、观点、信条迥异,

同一个目标,共享兄弟情。

无人为的区分线,

把遥远国度分割为黑暗和光明。

阳光普照,明媚萦绕,

精神养分无处不在。

忠实信徒,一呼一吸皆顿悟,

启智上帝,至高至纯的应答。

祷告声声相连,

圣灵回访灵魂。

化蛹成蝶，诠释完美，
珊瑚繁衍，天道之律。
求真初心修建圣洁神殿，
一石一砖皆需精确无误。

脚踩坚实真理，
手举爱的避风港。
头顶希望穹窿，
圣父心房便是家。

专　著

"我的墨汁会流淌不止吗？
我的笔会转动不歇吗？"

从九岁时写第一部剧本，到九十一岁临终前四天，茱莉娅还忙着伏案工作。她一辈子笔耕不辍，写作就是她的生存方式。

1853年冬天，一卷诗歌集已成型，蒂姆诺和菲尔兹负责出版，书名为《激情之花》。标题页没有署名，她想匿名发表，但很快就被识破她是该书的作者。此书风靡一时，短时间内就印了三版。她说："饱受赞扬，备受批评，广为质疑。"

1853年12月29日惠蒂尔在埃姆斯伯里写道：

亲爱的朋友：

真该为你的书道千万声感谢！几天前收到你的书，但病重未能畅读。扫了一眼标题：《罗马》《纽波特和罗马》，犹如听到冲锋陷阵的号角声，我顿时热血沸腾。今天，狂躁的风暴消停了，姐姐和我一直在读你的书，享受《激情之花》带来的和暖温煦。这是一本好书，定会为你在大家心中赢得一席之地，我欣赏它表现出的高远志向，赞赏它对神职者玩弄权术及对奴隶制度的批判。审视欧洲现状，这本书用优美的语言大胆地说出那些我内心感受到却无法用言语表达的情感。

我希望我能说得清你的书带给我多少快乐。从头到尾，我都做了标记，写满了赞叹。我也敢说书中有不少错误，但你无须担忧。书中所蕴含的美足以拯救你那娇嫩的脖颈于批评刽子手的铁斧。正如伯恩斯所言：哪怕是最穷凶极恶的魔鬼，看到你的脸，都会发誓不会伤害你。

向医生及可爱的孩子们问好！

你真挚的朋友，

约翰.惠蒂尔

1853年12月30日爱默生在马萨诸塞州康科德镇写道：

尊敬的豪夫人：

忙乱的一番准备后，我正打算离家五周，但一定要花片刻来感谢你的礼物，它带给我很多快乐。送我这本书，真是太好了。这些年来，我离群索居，早都没了这福分。你把它送给我完全正确，我猜想你朋友当中，很少有人如同我般热切地想要了解你的思想，我也想说，没能亲眼见到你实属遗憾。读着你的书，透过诗歌里的那些人物的知心话，悄悄话，感受到了独属于你的神态和话语，却也看到了我有的好奇。书未读完，暂无反馈给你，更喜欢新书中流淌着的那种纯粹的快乐，诗歌散发着生活的温暖。或许读完全书后，我会主动请缨，做出评论，现如今，能向你道谢，我便心满意足。

敬礼

爱默生

写给妹妹安妮的信

亲爱的，我的书上周五出版了，希望你已拿到书。书名《激情之花》，是舍布的主意，也得到了朗费罗的赞赏。书一炮打响，目前已经售出几百本，深得大众喜爱。菲尔兹预言会增印第二版，一定会收回成本。就报酬而言，该书带给我的，远远胜过十万美元。西奥多·帕克在他圣诞节布道中引用了我的一些诗歌，这于我是莫大的荣誉。我坐在那里听着他们朗诵，感觉全身都在放光。当然作者是谁现在已不是什么秘密了……

过了好长一段时间后，提到这部诗集，她说："这是一株纤细芦苇胆小羞怯的表演。"

三年后，第二部诗集由蒂姆诺和菲尔兹负责出版，书名为《此刻隽语》。乔治·威廉·柯蒂斯写道："这本比前一本更好，然而不一定能像上一本那般轰动。"

1859年冬天，因过度劳累，豪医生健康严重受损，很有必要换换空气和环境。与此同时，已经患有恶性病的西奥多·帕克被要求前往古巴疗养，希望温和的气候可以减缓病情恶化。他恳请豪夫妇能和他们夫妇一同前往。于是二月份，四人乘船前往哈瓦那。茱莉娅在《古巴之行》一书中描述了这次旅行。

"一叶轻快的小舟送我们来到汽船边。我们攀爬陡峭的舷梯时，天色已黄昏，这个季节，从黄昏到夜幕低垂，似乎只需一口气的间隔。和坎格兰德这位强健、激昂、伟大的战士告别，我们的心情如这黑沉沉的黄昏。无论在这里还是在故土，我们都将无限怀念他那深沉悠扬的乐曲！在他的帮助下，我们组建了一支乐队，深受大家喜爱，现如今我们即将是迷散流浪的鼓和笛，笛声尖利刺耳，鼓声低迷消沉，此时此刻，无语静默，最后一个拥抱，泪满襟衫。我们拖着沉重的步履，拾阶而下，回到小舟，抬头仰望那弯向我们的身影，耷拉的帽檐下，银白的唇须上，那双眼睛永世难忘，消融在那无边的夜色里，满目离愁。回家后，鼓便落寞地钉在了挂钩上，自此夜无横笛声。"

1965年秋天茱莉娅着手准备新诗集《半生抒情诗》。自从《此刻隽语》诗集出版后，许多年过去了。茱莉娅手头也积攒了很多诗歌，整理诗歌是一件艰巨的任务。

"审阅稿子几乎让我病倒，右太阳穴有一种压迫感，很不舒服。"

又说道：

"头痛欲裂……决定加快校稿的速度。"

《半生抒情诗》的反响比之前出版的两部诗集平淡。书出版已经很长时间了，茱莉娅在《回忆录》，甚至在日记中都没提到这本书。刚出版时，她间接提起过，如日记中曾忧郁地说："对我的书感到失望"等等。其实，这本书中收录了她一些最好的诗歌。

1867年她和家人去了希腊，日记忠实地记录了沿途风光，后整理成册，便是1868年出版的《从橡树到橄榄树》一书。此书献给"为希腊自由和人权顽强斗争的塞缪尔·格里德利·豪（茱莉娅丈夫的全名）。"

这本书的写作风格和《古巴之行》相似。她在第一章说："我们对事物的了解越少，写起来就越容易。为了准确流畅地描述一个国家，我们应该充分利用初到的时光。第一印象往往最深刻。熟悉后却往往会磨钝观察的敏锐度。新国家的面貌让我们震惊，但只会震惊一次。"

"1867年11月21日。忧郁，感觉昨天晚上我做得一塌糊涂，下午的演唱会上感到一种凄凉心碎的忧郁，一种深深的孤独。整个大厅，看不到一个能帮我施展才华，实现抱负理想的人。我曾热切地渴望大展宏图，我不能在娱乐或消遣中苟且一生。"

1876年春天，她忙着为丈夫写本简短的回忆录——《塞缪尔·格里德利·豪回忆录》，这本回忆录以小册子的形式出版，可供盲人阅读。

1880年《现代社会》出版，除了标题文章之外，书中还收录了《美国社会变革》这篇文章。她的日记几乎没有提到这本小册子，但托马斯·温特沃斯·希金森这样评价该书："在美国文学中很难找到比这本更值得转载和发行的书……从智慧，学识、叙事来看，能写得如此活泼的只有为数不多的几本。"

"1882年，我一直忙着写《玛丽亚·米切尔回忆录》。"

1895年12月，继《玛格丽特·富勒》之后，她的又一本书付梓出版，是本文集，以开卷首篇文章《文雅社会文雅吗?》命名全书，她在序言中写道：

"我记得，快六十岁时，我向西奥多·帕克提到我的心愿，想把我的思想活生生地表达出来，想借助书面文字阐释我的声音。"

"1896年4月20日。加里森拜访了我，代表霍顿米夫林公司向我约了书稿，他们打算出版关于我的《回忆录》……我同意了，但提出至少给我一年的时间准备书稿……"

事实上，这部《回忆录》花了她三年的时间。那几年里，她虽然将其视作自己最主要的文学创作，但仍然不得不兼顾其他工作，有时不得不搁笔，在"散文"或"诗歌"灵感过后，再次捡起笔来。

"1898年1月3日。如果有人不嫌麻烦读了我写的《回忆录》，我恐怕他们会失望——我确信《回忆录》忽略了我创作的某些诗歌及散文精品。我悲观地预估这本书也会遭受同样的忽视，不禁感到几分沮丧。"

剧 本

茉莉娅继承了马里恩·卡特勒家族强大的表演天赋。她在《年鉴》中发现了《易洛魁新娘》的故事，那时她才勉强识字，便自编自导自演，把这部剧展现给了保育院的众人。她扮演新娘，哥哥扮演情人，凳子当悬崖，彼此互刺。官方禁演此剧，书很快也被没收了。

她九岁时写了第一个剧本，但遗憾的是后来剧本丢失了。

1857年，她创作了舞台剧《世界本身》。这部剧在纽约的瓦拉克剧院和波士顿上演，领衔主演是玛蒂尔达·赫隆及年长的索特恩。她注意到一位评论家说这个剧本充满文学的优点及戏剧的缺点。她补充说："正如他们所言，这部剧无法在舞台立足。"

然而哥哥山姆从纽约写信告诉她："赫隆仍然吸引着最好的剧院，星期五晚上剧院人满为患，几乎找不到立足之地。"又说道："罗素先生昨晚去看剧了，这是他第二次观看。他买了剧本，我会随信寄给你，他说在我们所说的这门语言中，没有比该剧更最伟大的剧目了，充满着张力，人们对它的兴趣不会消退。遗憾的是，赫隆小姐，有着伟大演员的潜质，却拿捏不住火候，声音缺乏激情，无法把你诗歌中的美酣畅淋漓地传递出来。"

一些批评者指责作者的选题，一名无辜女孩被恶棍背叛并抛弃；他们认为女人不适合写这样的故事，况且也不文雅。

那时女权主义刚刚崭露头角，茱莉娅被指是女权主义代言人，但茱莉娅的子女认为茱莉娅的思想其实与女权主义者的思想还是有较大差距的，他们认为母亲是位人道主义者，然而从《世界本身》这部作品的某些段落中可以看出，茱莉娅内心里对自己的性别有着极高的赞许，这种观点在她后来的作品中也有论述。

我想我们称她们为女人，

柔弱的心也坚强，

天使容颜，

象征坚定的信仰，

践行承诺的希望。

即便脆弱生命绽放一瞬，

愿牺牲自己，换你快乐；

即便奋力出泥潭，

因先自降身价，

自此不再珍贵。

清洗，善良双手用力搓，

目击，我们尊爱的胚芽，

裹在憎恶之物中。

扔一颗宝石，

任脚踩轮碾，

尘埃中放彩，

碎骸折射出，

女人的骄傲，

纵经泪水尘土洗礼。

1864年一个雨夜,茱莉娅和丈夫去波士顿剧院观看《黎塞留河》,期待看到的只不过是一场平庸的演出,但仅仅看了埃德温·布斯先生的一小段表演,夫妻俩转头面向彼此,不约而同说道:"这是一场真正的表演!"

随后,他们在《哈姆雷特》中看到他,更加确信一颗新星正冉冉升起。布斯看起来就像:

少女梦中白马王子般美丽,

公然的怀疑,

年轻的哈姆雷特,额头满是忧伤,

眼睛如迷似幻。

布斯先生的经理恳请茱莉娅为这位年轻的悲剧演员写部剧本,她欣然同意。布斯来看望她,她觉得他谦和,聪明,而且最重要的是为人真诚,值得被当作艺术家受到赞美。

她自然而然地在经典小说中搜寻合适的主题,没有一个人物看起来像希波吕托斯那么适合他,他冷峻清秀,拘谨羞涩,似乎就是阿耳忒弥斯所钟爱的猎人王子的化身,她选择了这个主题撰写剧本。《希波吕托斯》的创作历经坎坷。她这样说:

"从这个时候起,及接下来的好多年,我都迷信北向的光线。我的眼睛给我带来诸多麻烦,我觉得有责任在最有利于眼睛的状态下从事文学创作。劳顿山谷的房子都是朝南朝西的,光线能从北面射进窗户的唯一一间房子就是的顶层的阁楼。阁楼空间狭小,仅能放下一张两英尺见方的桌子。一扇结实的大门阻断了通向阁楼的楼梯。这里,不仅有许多黄蜂,而且夏天闷热,我就在这写我的五幕剧,想象着布斯先生对精彩段落的传神演绎,想象着他身穿古典剧服,艳惊四座。与此同时,他声名鹊起,应约四处演出。这一期间他忙着谈恋爱结婚,从剧本写完到他第一次读剧本中间过去了很多年。"

终于,上演剧本的时机看似成熟了。霍华德·雅典娜剧务组经理达文波特同意上演,夏洛特·库什曼将在为布斯量身打造的《希波吕托斯》一剧中扮演博德拉。开始排练,茱莉娅似乎离梦想更近。但又出了问题,从未给出充分的解释。经理突然认为剧本的主题太过沉重,也给了一些其他的原因,但是对于作者和演员来说没有一个理由是充分的。

"亲爱的,"库什曼小姐说,"如果我和埃德温·布斯什么都不用做,只是站在舞台上,互道晚安,剧院就能坐满观众的话就好了。"

简而言之,戏剧停练了。茱莉娅说:"我认为这是我经历过的最大的失望。这件事在好长一段时间内严重影响了我,之后我决定不再写剧本。"

然而,她永远也忘不了戏剧,失望也不会永久持续,看剧是她的一辈子的嗜好。

第三章

多才多艺

《共和国战歌》

1861年秋天，茉莉娅来到华盛顿，同行的有总督、安德鲁夫人、克拉克先生及自己的医生丈夫。美国南北战争时期，豪医生是美国内战卫生委员之一，他把从露营及战场上练就的不屈不挠的精神和顽强的意志带到了医院，带到了办公室。茉莉娅也渴望能以某种方式作出贡献，却觉得除了纺线外，她什么也做不了。

"我不能离开育儿室，跟随我们的军队继续前进，我也没有整理打包所需卫生用品应具备的实践经验。我似乎听到有人说：'你很乐意服务，但你帮不了任何人。你没有什么可以奉献的，没有什么可以做的。'然而，由于我诚挚的愿望，一个念想浮现在了脑海：希望能借助歌声增强野外战斗士兵以及监狱里受罚俘虏的信心。"

在看望过华盛顿附近士兵的归途中，茉莉娅的马车被行进的军团围住了，耽搁了一会，她和同伴们唱着歌为疲惫的战士们鼓劲，是那个年代每个人都会唱的战争歌曲。其中有这样几句：

约翰·布朗的尸体躺在坟墓里，

他的灵魂仍在前进！

士兵们喜欢这个,伴着节奏一起高歌。

"豪太太,"克拉克先生说,"你为什么不为这首激动人心的曲调填写一首更好的歌词呢?"

"我也常常这么想!"她回答。

第二天早晨(1861年11月19日),天刚蒙蒙亮她就醒了,躺在床上等待黎明来临,歌词浮现在她脑海中。

"我的眼睛看到了恩主降临的荣耀。"

她静静地躺着。一行一行,一节一节,歌词伴着行军者的步伐纷至沓来,一气呵成,势不可阻。她看到一行行歌词在她眼前跳动,听到这个民族的呐喊声在胸中激荡。她静静地等待,直到悄然无声,直到最后一行结束,然后从床上跳起来,摸索着找到纸和笔,在灰蒙蒙的晨光中潦草地写下了《共和国战歌》(以下简称"《战歌》")。她习惯这样写,诗歌常常晚上在她脑海闪现,因为害怕惊醒孩子,就在黑暗中草草记下。爬回床上,睡着之际,她自言自语地说:"我喜欢这个胜过我写的其他大多数东西。"早晨,回忆起这件事,她发现已经忘记了这些话。

《战歌》首先发表在1862年2月的《大西洋月刊》上。她说:"收到了些许赞美,但是公众的注意力都集中在战争的局势变化上,较少有人关注文学创作……得知这首诗很快就走进了军营,我很高兴,时不时听到士兵们高唱这首歌。"

然而,她并没有意识到《战歌》会如此迅速地广泛传播,也没有意识到它对人民有多大的凝聚力。《战歌》被传唱、咏读、背诵，被用在战役前鼓舞士气。它印在报纸上，印在部队的赞美诗集上，是那个时代的心声，联邦军如虎添翼。俄亥俄州志愿步兵团的战时牧师麦卡比是《战歌》众多歌手中的一位。他在《大西洋月刊》上读到这首诗，深受震动，从椅子上站起来时他已将其背会。他把这首诗带到了前线。适时之际又把它带到了利比监狱，在温彻斯特被捕后，他就被关在那座监狱里。一间空荡荡的房间里关押着数百名北方士兵。一天晚上，联邦军里传来不幸的谣言。狱卒告诉北方囚兵，南方联盟军取得了重大的胜利，赢得了一场伟大的战役。悲痛的北方士兵聚集在一起，或坐或躺，低声议论：联盟军如何取胜，在哪取胜，为什么能取胜？突然间，给囚犯们送饭的一位黑人弯下腰来，对悲伤的人群小声说道："这个消息是假的，这确实是一场伟大的战役，但是联邦军赢了，联盟军被打败了，四处逃窜。"这个消息犹如火焰点燃了监狱。士兵们跳起来，高声欢呼，激动地相互拥抱。麦卡比牧师，站在房子中间，提高嗓门，大声地唱道：

"我的眼睛看到了恩主降临的荣耀！"

所有人齐声高唱："荣耀，荣耀，哈利路亚！"歌声响彻利比监狱。

这次胜利就是葛底斯堡战役。一段时间后，麦卡比牧师从监狱获释。在华盛顿，在广大忠诚的听众面前，他讲起了他的经历，当说到利比监狱的那个晚上时,他又唱起了《战歌》。仿佛被施了魔法,人群大声喊叫着,抽泣着,所有人一起高唱着。歌声一停下,雷鸣般的掌声中传来了亚伯拉罕·林肯的声音,眼泪顺着他的脸颊滑落,他高声大呼:

"再唱一遍!"

1861年林肯接见了茱莉娅,由州长安德鲁引介。同大家问好后,总统就座,其身后就挂着由吉尔伯特·斯图亚特画的华盛顿总统像,人们不由地会把这两位总统做个对比。油画中的人物看起来平静笃定,概因他已成功地完成了伟大的使命,看到了安康和平的远景。油画旁椅子上坐着的人细高、消瘦,一双仁慈的蓝眼睛透露出坦荡,但当前棘手的难题也让这双眼睛蒙上了深深的阴影……

《战歌》被翻译成意大利文,西班牙文和亚美尼亚文。这首摸黑写在卫生委员会文件纸片上的诗,印刷形式多种多样,从新英格兰妇女俱乐部送给作者作为七十岁生日礼物的漂亮羊皮纸版,到印刷在为宣传产品疗效的广告小册子的封面版,涵盖了几乎你能想到的所有样式。很多次有人都试图给它重新配乐,但从来没成功过。这首诗和其写成时的那个曲调不可分割地完美融合为一体,那是一个简单、富有革命气息又庄重威严的曲子,任何想分割两者的企图注定是要失败的。1970年,茱莉娅入选"词作家名人堂"。

从这首歌诞生一直到茱莉娅逝世，恳请她誊写部分或整首歌的人络绎不绝，让她备受困扰。看到埃德蒙·克拉伦斯·斯特德曼写的这句话后，请愿者有时或许能意识到他们请求的不妥之处。"我能深刻地理解一个人是如何变为自取灭亡的怪物的，比如说《战歌》这首诗，当它成为百万人心目中的神卷时，每一个人都想得到它的副本。"理性或非理性，茱莉娅努力满足每一个人的请求，没人知道她把这首诗歌誊写了多少遍，稍微关注过誊写的人或许知道，誊写的诗行加起来恐怕有一英里左右了。

弹琴谱曲

茱莉娅很小时就开始学音乐。她的启蒙老师是一位法国艺术家，脾气暴躁，受到惊吓的孩子总记不住他教的东西。十岁时，老师换为布考克先生，他是克拉默的学生，茱莉娅认为这位老师的恩情她一辈子都还不完。他精心训练她钢琴指法，在八十岁时，茱莉娅的双手依旧十分灵巧。他还挖掘她的音乐才华，并着力培养、发展其天赋。

茱莉娅长成亭亭玉立的少女时，这位良师发现她的声音颇具潜质，便把曾是加西亚家族密友的卡迪尼先生推荐给她的父亲。卡迪尼对著名的加西亚方法十分娴熟，在他的指导下，茱莉娅的声音变成了纯正清灵的女中音:"音域宽广,音质甘醇。"这些课程让她终身受益。

八十岁时茱莉娅出席了在波士顿公园街召开的全国和平组织会议。大厅里挤满了人。轮到她发言时,主持人善意地说:

"女士们,先生们,很荣幸我们即将聆听豪太太的演讲,我想恳请大家保持安静,虽然她的声音还像以前一样甜美,但或许不像以往那般洪亮。"

"但声音却有穿透力!"这位昔日卡迪尼的学生说道。尽管音量不大,但银铃般的声音却传遍了大厅的角角落落。雷鸣般的掌声几乎掀翻了屋顶。对坐在她身边的女儿而言,这是美好而又骄傲的时刻。

茱莉娅钟爱音乐。事实上,她觉得音乐对她的影响甚至过了头。在听布考克先生布置的三重奏、四重奏时,她记录下这些曲子带给她的愉悦,但也补充道:"然而欢愉也会引发痛苦,一种病态的忧郁,对我的健康是种威胁。"

她认为在教导年轻人时,应考虑到年少者的敏感神经,考虑到音乐时常引发他们过度的情绪反应。"震撼人心的管弦乐表演,抑或是某个美妙嗓音暗含的意蕴,有时会打破听者内心的平和,催生出莫名的哀伤,或者更糟,引发非理性的愤懑"。

茱莉娅十九岁,到了鲜花盛放的年龄。满头红发不再被视为不祥征兆。一双褐色的眼睛又圆又大,纯净的肌肤光彩照人,配上精致的五官，柔美的臂膀及一双纤纤玉手，但凡见到她的人无不印象深刻。再加上她曼妙的歌声，聪慧机智，以及她独具特色的魅力，家人及一些亲近的人都称她为"歌神茱莉娅"。

婚后，茱莉娅随丈夫来到波士顿，丈夫全身心投入慈善事业，难得有时间休闲娱乐，热爱音乐的她借助举办"音乐派对"排解生活中的孤单和忧愁。

写给妹妹安妮的信

1846年某个星期一早上

最亲爱的，最甜蜜的安妮：

这个冬天，我冷落了你，不由伤心自责。我总觉遭受苦痛一定是对生活中所犯罪行的一种救赎，一直架在熊熊火炉上炙烤着满腔忧伤的我，现在回归生活，对小生命充满了同情，这于我是一种很奇妙的体验。我最近一直在写诗，吟唱诗歌，你能猜得出我很开心。唉，炫耀我的快乐高于世上其他一切，我是不是很自私呢？如果我顺从天性干喜欢的事是错的话，上帝饶恕我，我一直在犯错。星期六晚上，我办过几场小型音乐派对，我敢说非常成功。我确定我在温斯洛普小客厅举办的音乐会要比周五晚上在会客厅举办的趣味活动更盛大。遇到了一些爱好音乐的朋友：莉齐卡里、费尔顿夫人、欧内斯特佩卢索先生和威廉·史蒂夫,还有后来的阿加西斯,他是位博学迷人的法国人,也是星期六晚会的常客,还有波达尔斯伯爵,来自瑞士贵族家庭,他陪着阿加西斯来到这个国家。我用枝形吊灯和蜡烛点亮房间,把钢琴拉到客厅,从梅耶太太那里预定了一些冰块,你看办音乐会一点也不麻烦。朋友们八点半到,一直待到十一点钟。通常不会超过二十人,但有一次差不多到了近六十人,都是些波士顿最优秀的人。下一个派对将在这个星期六,庆祝丽兹赖斯和山姆吉尔德新婚。我难道不是一个有进取心的小女人吗?

在孩子们看来,安宁绿洲就是为他们而建的人间天堂:他们爬樱桃树,在房子后面的露台上野餐,在保龄球馆玩耍,在鱼塘里翻滚;四处乱跑,总是充满着快乐、活力及无限劲头。他们有时去学校,有时跟着妈妈学习,茱莉娅就是孩子们的法语和音乐启蒙老师。

孩子们聚在钢琴四周,听母亲唱歌,不同民族的歌,有山姆伯父在德国留学时学会的波兰饮酒歌,还有最能打动人心的黑人歌曲。

然而,最好听的还要数茱莉娅自编的儿歌:

睡觉,我的孩儿。

如此温柔,甜美!

小羊羔已经休息了，

小鸟也回到巢里，

劳拉哭喊：让驴子进来！

金嗓子不停歇，

马厩里的小驴子，

睡得要多香有多香，

万事万物都睡了，

宝贝也睡吧！

三女儿劳拉说："母亲常常会唱充满激情的爱情或革命歌曲，或唱讴歌崇高信念，具有远大抱负的赞美诗。我们每个人都热切地聆听着，开始看到了远方，开始滋生出梦想。"

《巴恩斯特布尔舞会》这首曲子来历很有趣。1865年11月初，茱莉娅和州长及安德鲁夫人参加了巴恩斯特布尔市一年一度的节日舞会。古老光荣的炮兵团充当护卫队，根据惯例，炮兵团乐队演奏音乐。出于某种原因，他们以为漂亮的女孩早都被预约了，所以司令下令十二点就停止演奏。让巴恩斯特布尔市民苦恼的是他们预定的马车都在下午两点，甚至更迟。派对和大家的预期相差太远，茱莉娅把她的感受写进了下面这首诗里，巴恩斯特布尔的市民立即把诗誊写在大海报上，并配上当时流行的《拉尼根的舞会》的曲调高唱着：

巴恩斯特布尔舞会

（指定在开普敦的所有社交聚会上演唱）

带上你的旧大炮走开，

除非我们给你电话，否则不要回来。

给上校戴上绞首枷，

他破坏了巴恩斯特布尔舞会。

乡亲们不是每天都娱乐，

一旦这一天降临，

他们最厌恶，

破坏巴恩斯特布尔舞会者。

他带着乌合之众，

潜入文化大厅，

找不到舞伴儿，

愤而破坏巴恩斯特布尔舞会。

抽烟吼叫还不够，

犹如狂风横扫落叶，

他们盗窃掠夺，

偷走了半个巴恩斯特布尔舞会。

把音乐装进口袋里，

命令大家不许喊叫，

二十首舞曲仍在乐谱夹上，

他们叫停了巴恩斯特布尔舞会。

某州长杀人并未判绞刑，

这让我们所有人困扰，

他必须遭驱逐，

谋杀巴恩斯特布尔舞会者也一样。

待他们老时,风湿缠身，

对小孙子孙女说：

亲爱的,回想起巴恩斯特布尔舞会，

多么悲伤沉重的阴影！

豪医生曾打趣茱莉娅说："如果你在一个荒岛上，那里没有人,只有一个黑鬼,你都能办个派对。"在古巴时他感叹道："茱莉娅只知道三个西班牙语单词,竟然能聊个不停。"

欢快的缪斯总是拿着手鼓和竖笛,随时准备演奏。1876年,茱莉娅对小女儿莫德说:"你们这些年轻人不知道什么是麻烦,我为你写一首关于真正麻烦的歌曲!"她谱写出下面这首小曲:

哎,烹饪食谱,

爱尔兰厨师离开了,

就在派对聚餐日,

我不知道该说什么,做什么,

哎,烹饪食谱哦!

合唱:

高歌,平底锅,炉灶和厨火!

高歌,煤火很旺,越燃越旺!

高歌,折磨烦恼,直到你们断气!

哎,烹饪食谱哦!

她会做各种菜,

各种肉,各种鱼,

汤烧得和你期待的一样鲜,

她走了!

她体重200磅，

声音迫使我温顺，

她的话我不得不听，

哎，烹饪食谱哦！

丈夫来了，俏皮的精灵，

眼睛盯着橱架平底锅，

说道，为什么你不会自己做？

哎，烹饪食谱哦！

合唱：

高歌，平底锅，炉灶和厨火！

高歌，煤火很旺，越着越旺！

高歌，折磨烦恼，直到你们断气！

哎，烹饪食谱哦！

1876年夏天，她创作了《纽波特之歌》，旋律轻快，独具一格。

纽波特之歌

我们不是时髦人士，

也非名人达贵，

你理解适度消费，

我们开心地看着钞票流走，

因此,尽情乐享，

灵魂无忧无虑!

我们不在意四马奢华大马车，

金光大道上招摇过市，

不在意足蹬金鞋者嘲笑

我们的寒酸，

即便是简陋的单马套车，

我们依然磊落辘辘驶过，

因此,尽情乐享

灵魂无忧无虑!

夏天过后，

我们收获满满快乐,看着朋友，

并不忧心账单难付，

我们不认识票据这个词，

因此,尽情乐享，

灵魂无忧无虑!

茱莉娅一直都不喜欢当时的"新音乐"，凡是有"新音乐"的交响乐，她都避而不听，为此错过了贝多芬及舒伯特的交响乐，对她而言也是一种莫大的悲哀。

"1901年3月8日……下午去听交响乐音乐会，只有一丁点喜欢。这种音乐是刚刚流行的多重混合乐。海顿的乐曲听起来就像是《启示录》中絮絮叨叨的话语……"

音乐会后，她在一本笔记本上写下以下话语：

我的耳朵忍受着可恶小提琴的倾轧，

似十几个街头乐队同时演奏不同曲调，

合唱团似烟囱冒出各种符文，

号角像是宣告农家晚饭，

中国锣鼓似在富家大厅响彻，

锤子，板刷，扫帚，

还有这里那里，四处乱响，枪炮隆隆，

乒乓！砰砰！灵魂得救了！叮当！叮当！还没有！

我，您，我，他自己，

5美元的票价就是这糟心的演出，

用什么来补偿公众的忍耐呢？

子女们一直恳求茱莉娅把她的音乐作品记录下来。1907年时，这个心愿已部分实现。约翰罗德先生每周来家里一两次，茉莉娅把她的作曲边弹边唱展示给他，约翰罗德先生记录下这些曲调，和这位年轻作曲家度过的时光很是惬意。几个月后，以这种方式保存下的一些旋律被施尔默收录在《歌曲专辑》中。

　　虽然茉莉娅热爱音乐，但对未能在音乐这条路上坚持走下去倒也释然，她曾感叹："再见了，欢乐的音乐节！我很少想到我体内还蕴藏着青春的余热。这些事把我带回到少女时代，重温对音乐的激情。我记得那时在纽约，我全身心地投入到音乐会和清唱剧中，演出结束后总有无限的惆怅和忧虑。如果我能顺遂年轻时的意愿，保持对音乐的狂热，我绝不会做我今天所做的，一定不会学习哲学，也不会写出今天所写的文章。我的生活或许更随性，更有激情，但我认为价值不大。然而，我只能遗憾，我生命中过去好多年是缺乏音乐滋养的。但我相信音乐是所有艺术当中最耗人的。它比其他艺术更需要人全身心的投入，但对人的提升并不大。相比其他艺术而言，音乐激情有余，智慧不足。要掌握它简单，而掌握其他艺术却如此复杂，牵涉到大量的思想和观点。"

参会演讲

茱莉娅的公开演讲始于19世纪60年代，起初只是小心翼翼地试探，到了70年代，她成为美国最繁忙的演讲者之一，足迹遍布美国各地，四处散播她的思想理念。

1864年之前她跟公众联系的主要纽带是笔。后来她感受到和听众面对面交谈的必要性，体会到讲出她想法的必要性。在《回忆录》中，她说道："我从内心深处意识到，对于我生活的时代及我们这一代人，我有很多话要说，但这些话不能，也不应该用押韵甚至是恪守韵律的形式来表达。"

茱莉娅内心敬重查尔斯·萨姆纳，但在很多事上他们意见相左。萨姆纳不赞成妇女在公共场所演讲(茱莉娅的医生丈夫也激烈反对)，虽然也是一片好意，他竭尽全力阻止茱莉娅去首都华盛顿演讲。茱莉娅在日记里这样写："我给他写了一封措辞委婉的信，虽然我感到悲伤气愤，但绝无恶言恶语，并未因此记恨他。然而，写完这封信后我极度痛苦，不敢回想。第二天，我忍不住又写了第二封信，为第一封信的无理道歉。我认为这是决策失误，但没办法，这就是我的性格。我害怕地不敢读他的回信，信写得十分和气。虽然我清楚地看到了他误解了整个事，但我也看到了他本性的善良和诚挚。所以虽然我们意见不同，但我依然热爱他。"

萨姆纳先生虽然没有出席朗读会，但是他来看望了她，还是一如既往的亲和友善。在参议院见到他后，她写道："萨姆纳抬起头来，微笑着。那笑容似乎点亮了整个议会。"

尽管丈夫及朋友强烈反对，她决定春天（1864年）去华盛顿朗读她的文章。一路上遇到了各种麻烦，对这一大胆尝试，她也毫无把握。她写道：

"带着一颗坚定却并不乐观的心离开了博登顿（妹妹安妮的家）。这里没有一个人可让我依靠，萨姆纳反对我，钱宁几乎对我一无所知，其他人都漠不关心。我只是顺从内心深处强烈的冲动，对此我既不理解也无法解释，但却无力违抗。终于还是听从了内心的指引，爱的坚守和满足是鼓舞我的巨大动力。就我所知，没有一个人支持我去华盛顿。"

尽管有这些疑虑和担心，但是这次大胆尝试十分成功。或许人们想要暂时从大炮声中，从前线传来的最新消息的叫喊声中，暂时闭上眼睛，想要听听哲学思想中那些平和的话语。

1866年，她从纽约赶到华盛顿朗读她写的哲学文章，就住在伊姆斯太太家里，不料患了严重的疟疾，借助一贯的乐观与疾病抗争。"听众们很给力，房间坐得满满的，还有许多大人物……安德鲁总督领我进来，萨姆·胡珀也在。我朗诵了《既定事实》。反响很好,受到认可,我很开心。"

1866年,她在日记里写道:"我在北安普敦、华盛顿和其他地方的朗诵在当地都有记录。家人的激烈反对让我参加朗诵会时备感困难痛苦。故而我并不刻意寻找朗诵的机会,不清楚这在多大程度上会妨碍我的效率。但是当文章和时间恰巧匹配时,我总是想做,以后也会这样做,不知上帝把我们中的哪一个指向了错的方向。愿在新的一年,上帝保佑我远离吝啬及个人激情。生活最近已教训我要远离这些,真正的人每天需要文化,虚伪的人压抑生命直至死亡。"

1866年叔叔约翰·沃德逝世,对她是个沉重的打击。约翰叔叔是茱莉娅姐妹的第二位父亲,邦德街8号因他而成为一个温暖的家。

"4月4日,今天知道了叔叔遗嘱的内容。他重新立了遗嘱,调整了旧遗嘱中有关财产分割的安排,这将使我和我的姐妹们获得较之先前更多的遗产。遗嘱对兄弟姐妹们都很公平,包括威廉叔叔的四个儿子,还有我们姐妹,理查德叔叔所得份额较大,萨姆和沃迪弟兄分得最多。我们不知道为什么会有这样的变动,但一旦修改,就像过去的其他事情一样,必须认可。我的表兄弟已经很富裕了,这对他们来说没有什么不同,但是对我们来说却大为不同。上帝的意志是要执行的。我必须记住自己的期许,有所成就。"

这段话透露出常常困扰她的经济压力。她生长在一个富庶奢华之家，但富而不骄，奢而不糜，从小到大她从来不用考虑钱的问题。全家人，从敬爱的父亲到可爱的小妹，都觉得她应该过得无忧无虑，她就像兰花一样被精心呵护，唯恐任何粗糙的风吹皱了那完美盛开的花朵。

她父亲病逝后留下了一大笔财富，其中大部分投资在现纽约市中心的大量的房产上。约翰叔叔是最善良最仁慈的人，不懂房地产，不像他哥哥那般有远见。父亲去世后，叔叔错误地卖掉了曼哈顿的房产，并将所得收入投资于股票和债券。后来，他意识到自己的严重失误，决定把他的部分财产分给三个侄女来弥补对她们造成的损失。

即使最不爱钱的女人，面对投资失败，难免不失望，这是人之常情，无可厚非。现如今看来这种看似不幸的事对她来说却至关重要。不是因为这，她或许不会感受到希望和辛勤劳作的丰富滋味；不是因为这，她怎能把她的手和广大人民之手紧紧相握永不分离呢？她又怎会为约翰叔叔具有毁灭性却又卓有成效的错误而真正后悔呢？

四月，她写道：

"灰暗、悲伤、困惑。叔叔没让我成为一个富有的女人，我比以往任何时候都更加努力地想尽一切办法去实现我才智的价值，我和这个国家的任何一个女人一样有资格享有一定的文学地位，也许我比其他女人都有优势。但我还在这条路上徘徊，仍吃力地挣着十美元。我祈求上帝给我一个可以拼尽全力的机会或平台。倘若我能发挥我全部的文学才情，至少是为这个世界而生的才情，那么死对我便如生般甘怡。伟大的天堂，听听我的心声！引导帮助我，凡人做不到。"

朗读让她小有名气，她开始收到公开朗读及演讲的邀请函。

无论哪里请她演讲，她都高兴地去，像圣保罗一样。"她经常出差，……疲惫不堪，苦不堪言，时时得注意"，日记记录了无数颇具画面感的小插曲，其实真正经历时，却又让人难以忍受。经过一番挣扎后，看到这样的字眼："一定不能让莫德知道这个！"或者，"谁也不能知道我坐错了火车！"

1876年丈夫逝世后，她发现自己的嫁妆已被不善投资的丈夫折腾得所剩无几，演讲不仅是她的激情所在，还能改善她的经济，少了霸道丈夫的阻力，她演讲的版图从东海岸向西海岸扩展，以下是她演讲旅途的见闻节选。

明尼苏达州的冬季

坎坷的演讲之旅让我在这个季节两次来到明尼苏达……

对东方人来说，每天或隔天散步是健康的首要条件。这里，霜冻似乎能钻进人的骨头，使得运动困难……大多数时间，酒店生活是对着火炉子说悄悄话,让人焦虑。有时候你在火炉旁快烤熟了,有时候你觉得快冻僵了。晚上你给炉子塞满木头说:"喂!你愿意燃到天明吗?"最后,在最冷的大半夜,你得离开,去赶午夜的列车,疑惑是否走得更远,情况更糟。

演讲结束后,女主人在客厅里举行了一次非正式会议,说了很多关于波士顿俱乐部的故事。中午时分,乘坐一辆货车离开,在奥瓦通纳转乘客运列车,傍晚到达明尼阿波利斯。

乘坐守车出行极不舒服,车厢脏乱差,一直站着,钉在木板上的图片没啥教育意义。铁路工人穿着脏兮兮的工作服,不介意我们进入他们车厢,他们用简陋的锡桶吃饭,喝咖啡。看到有个女的能陪着我,我不再慌张。

明尼阿波利斯市

二十年前,这里只有一小片木头房屋,除了自然风光优美外,没有什么特别的记载;现在,这里变成一座设施完善,蓬勃发展的城市,建设者们完美地解决了实用和美观的矛盾,利用圣安东尼瀑布给锯木厂和面粉厂提供源源不断的动力。第一个惊喜是我能站在平县大街上。读过帕克曼历史的人都知道这可是个著名之地。为了让记忆变得清晰,我来到镇上图书馆,很快就找到了帕克曼写的《发现伟大的西部》。有了这本书的指引,再借助破旧的铁路地图，我推导出那些勇敢的法国探险家的行进图。仰望天穹，凝视江河，这汪水、这片天，不也见证过那些探险家们四处跋涉、遭遇磨难、却仍不屈不挠的顽强精神吗？感觉自己仿佛融进了那部浪漫史……

圣保罗市

我住得离圣保罗很近，怎能不去这座大名鼎鼎的城市逛逛。我本打算乘车出行，但热心的主人专门休假一天，用敞篷雪橇拉我四处转悠。要不是为了证明波士顿人不怕冻死人的严寒，我也不会计划此次旅行。明尼苏达州的冷让人神经振奋，一瓶热水便让旅程不再有寒颤……一群门多塔印第安人在街道上走，我跟随三位姑娘走进一家店铺，其中一人看起来像亚洲人，其余两位都很漂亮，他们是印第安苏族人，我跟她们说话，但她们不理我。店铺的主人问我想要什么，我告诉他我想看看这三位姑娘会买什么。他说她们除了珠子之外，很少买东西，只是进店来暖和一下。她们笑了，明摆着她们懂英语。在一家相当不错的酒店用餐，没有打印的菜单，只是服务员报价，叫卖牛排、猪排等等。我们吃得很舒坦。我想买些水牛肉干，发现并不好找，毕竟销售季已基本结束了。这一天最浪漫的事是在密西西比河上坐了五英里的雪橇，得以近距离观察耸立的峭壁及众多小岛。我们还参观了明尼哈大瀑布，现在冰雪覆盖，即使在这种状态下，依然非常美丽。我们讨论《海华沙》，同伴说，如果朗费罗先生曾经见过苏族印第安人，他就不会写《海华沙》。通往瀑布底部的路很滑，我建议不要走这条路。这一天，我们彻底大放松，很开心，并不觉得寒冷或疲劳……

回忆起以往浪漫的日子，我记得有一天晚上在地中海蒸汽船上熬夜静等船只穿过意大利海岸边界的那一刻。在这个毫无诗意的卧铺里，我问晚上什么时候我们的车会从明尼苏达州驶出，进入芝加哥的境内，似曾相识的昂然兴致、依依不舍之感涌上心头。来自旅游老手的真实证据，请那些不了解这个年轻国家的人相信，我们的国家未来一定繁荣昌盛，卓越伟大，我们的国家还有旖旎的美景，宜人的气候。

堪萨斯

在明尼苏达州旅行感受到的是鲜活的浪漫气息，在堪萨斯州旅行仿佛是在历史中穿行。不打开很多人曾献出宝贵生命，用鲜血和祷告书写的历史书卷，就无法穿越这全新的边界线。当我进入这片广袤的土地时，一群幽灵般的勇士似乎在护送我，他们的队长约翰布朗伸手指向国会大厦，萨姆纳、安德鲁以及豪也和他在一起。这里是明确立场的地方，这里是圣战发起的地方，这里萌生了和欧洲决裂的思想情感,这里萌生了美国的国家意识。

困倦的我试图摆脱这种时常困扰我的疲倦烦恼。来堪萨斯是为了工作,而不是为了消遣,为了将妇女的权利及义务带到这片男人们曾用粗糙刀剑,铁锹混战的地方。虽然一路风尘仆仆,又冷又饿,疲惫不堪,但丝毫不影响我的浓厚的兴致。

在克利夫兰只喝了一杯咖啡,吃了个面包卷,疑惑该转乘哪辆车。找到了我的车,准备又出发了,却发现把行李箱落在了克利夫兰,尚未检票,飞快跑到售票员处,他立刻行动,转运行李。不得不在谢尔比停留一整天,这是我见过的最荒凉的酒店,简直就像洞穴,没有客厅,我住在黑暗的卧室,没火的房间像冰冷的地狱,有火的像滚烫的地狱。脏兮兮的床乱糟糟的,墙上悬挂着一张貌似舒耶勒·科尔法克斯的丑陋画像,还有一张安迪·约翰逊经理的解雇告示。箱子的事让我焦虑担忧,给曼斯菲尔德发电报询问我的演讲题目,得知是《礼仪社会》。必须脱稿演讲,我必须借个长袍穿上才能将讲稿藏在其中。

1879年秋季茱莉娅做了场巡回演讲,想要贴补她和莫德(茱莉娅的小女儿)1877年欧洲及西亚旅行的大量开支。她向来在赚钱方面缺乏技巧,这次巡演的准备在现代讲师看来简陋可怜。尽管她比许多并不受欢迎的演讲人挣得还少,但她毕竟是自己的主人,不必被野心勃勃的经理人催着全国赶场。

茱莉娅的日记对这次巡回演讲作了简短的记录：

"20分钟，穿好衣服，吃了几口，赶到大厅。穿衣服之际吞下一杯茶，啃了块饼干。"

"在一家极其简陋的铁路旅馆待了一整天，等我的行李，苦恼！……没穿长袍、没拿讲稿，不得不开始讲道。布兰克夫人急忙将她的黑色绸衣套在我身上，幸好我还有笔记。"

她一直记得这个教训，在接下来三十多年的演讲布道中，雷打不动的一个规矩就是外出演讲时必定带上她的手提包，包里装着讲稿，帽子及雷丝花边长袍。随着她年事渐高，手提包也变得越来越轻，她不喜欢有人伺候，总是自己拎着手包。从圣多明各带来的浅棕榈叶样式的背包最终换成一个网格包，这是她能找到的最轻的包。

1880年10月，茱莉娅去大女儿的慈善所时，脚没踩稳，在餐厅的第二节台阶处跌倒，拉伤了膝盖的韧带。休息一段时间后，医生坚持让她继续静养，但她不听医生的忠告，拄着拐杖四处赴约。她忠实的车夫弗兰克·麦卡锡一直陪伴着她。

"1881年1月26日。一整天大部分时间都在忙我的演讲。医生来看我，他建议我待在家里，不要外出，直到我的跛足再恢复得好些。乘坐下午四点半的火车去马萨诸塞州康科德，莫德和我同行，让我难过的是，她因此无法参加一个盛大的舞会……我们去了切尼先生家，在那里见到了弗兰克·巴洛，稍微老了点，但性格等一点都没变。他有位可爱会撒娇的女人。亲爱的爱默生先生和夫人来听我的讲座，爱默生先生说他喜欢我的讲座。"

"1881年2月11日。在马萨诸塞州格罗顿演讲。当我走下台阶走到马车旁时，一支拐杖打滑了，我右边粗心的车夫任我跌倒，弗兰克抓住了我，不过还是扭到了膝盖，一阵剧痛。一路上疼痛不止，我竭力克服，弗兰克帮了我大忙……膝盖红肿，晚上大部分时间我都无法入睡。我《文雅社会》的演讲很受欢迎。房子里善良的听众递给我他们新支票账簿，我的名字可能是第一个出现在上面的。"

"1886年10月12日。敦刻尔克，演讲。不能让任何人知道我下错了车——在佩里斯堡，一个荒凉的小村庄下了车。这里没有火车能在下午六点半前带我到达敦刻尔克，本该在一点半到那里。来到一家酒店，说服房东借用他的马车，一位善良的老人牵着他的马来赶这辆马车，在山路上颠簸了二十来英里，下午五点二十到达敦刻尔克。马车来到酒店门口时，我说：'我该怎么进去？''慢一点来，学着踩踏板。'我的老车夫说道。他接着说，'我猜你没我老了。'我回答说，'我快七十了。'他说：'嗯！我已经七十五了。'"

在这次旅行中，她看到了肯塔基州的猛犸洞，步行了七英里，行程远至堪萨斯城，所到之处都受到暖心的欢迎。

1888年她去加州看望妹妹安妮，沿途安排了演讲，以支付旅途开支。

加利福尼亚州的人们翘首期盼一睹《战歌》作者的风采,聆听《战歌》作者的声音,旧金山及其他地方已安排了多场讲座。日记简要介绍了加利福尼亚之行,回忆起此次旅行,茱莉娅总是满心欢喜,认为这是一段美好的时光。剪贴簿中收集的报刊剪报里,夸赞颂扬的形容词堆得山般高。虽然还不到七十岁,但在年轻的记者看来,她已经"老了"。一头银发大方得体,满身活力让人惊叹。在先烈纪念日,共和国军在大歌剧院缅怀先烈,她作为嘉宾出席了此次活动。房间里挤满了人,鲜花和徽章将舞台装扮得光彩夺目,大家齐声高呼她的名字,她发言致谢。

"能参加这个庆典活动,我深感激动振奋。我记得那些营火,记得那些可怕的战争。女人的问题是:'我们的男人会胜吗?'不获胜,他们不会回家。他们打了胜仗,我们该如何祝福;他们在战场上浴血奋战,我们该如何为他们祈福。那是一段悲痛的岁月,这一刻属于欢乐。让我们感谢上帝,赐予我们胜利。"

《战歌》响起,大多数人起身站立,作者和观众加入合唱团,一起高歌。

圣芭芭拉的第二次演讲之后,她"漫步闲逛,花了点钱。买了些稍有瑕疵的珍珠,不过串在一起后很好看。看到一顶漂亮的胸针,很想买,最终还是克制了购买欲。"

在乘火车从奥林匹亚前往波特兰的途中,经过一个可爱的小磨坊,附近有几间房,她咨询那里土地价格,买了几英亩"把头处肥沃的土地。"这是她在各种旅途中购买的为数不多的土地中的一块。她身上有很强的开拓精神,旅行的浪漫总会让她激动。沿着四通八达的铁路,她的眼睛瞬间捕捉到了各种美好。开拓者的豪迈在她血管中澎湃,她渴望拥有土地,渴望发展。她把这块土地遗赠给了两个大孙子,非常希望这几亩土地能给他们带来财富。

凡是决定要做的事,无论有多少艰难险阻,她都不会退缩。

"1895年1月26日。在塞勒姆吃了午餐,做了演讲。天气恶劣,狂风暴雨,我觉得我必须得去。我和马夫一起滚下了房前的台阶,万幸的是,他个子不高,体格健硕,否则后果相当严重,甚至会有危险……"

马夫吓坏了,爬起来后,发现茱莉娅已站起来了。

"哦！豪太太,"他喊道,"让我扶你进屋！"

"废话！时间恰好能赶得上火车！"便是答复。

写给女儿莫德的信

1895年2月24日,烽火街241号

一场暴风雪让我错失了在波基普西做讲座的机会。讲座尚未开始,大雪就封了道路。我在布鲁克林的讲座报酬很不错——

一百美元。我住在香勒的房子里，像往常一样，颇具香勒特色。彼得·马里以美味的晚餐款待了我。和我一起同去的还有玛格丽特，她穿着白色的缎子。我穿着你熟悉的那件黑白相间的衣服，看起来还是挺新的，还围着亲爱的安妮妹妹捎给我的漂亮蕾丝。

写给女儿劳拉的信

1895年12月18日，波士顿灯塔241号

就我的论点及取得的荣誉，以前根本不可能！……上周我每天都做演讲直至周六，非常疲倦。本周一场演讲也没有。哦，我忘了，在自己的俱乐部，我发表了《欧洲种族问题》的演讲。已向亚美尼亚人送出上周在纳罕特讲座的报酬——10美元。哦，美元得之不易啊！

1899年春天处决黑人的私刑呈蔓延之势，这引起了全国各地的极大愤慨。1899年5月20日茉莉娅日记里写道："波士顿的黑人妇女在奇克林大厅召开了一场精彩的会议，以抗议南部地区对黑人处以私刑的问题，巴特勒·威尔逊夫人主持会议，她是混血儿，受过教育。她的开幕致辞字正腔圆，气势如虹。鲁芬夫人女儿的演讲也十分精彩。切尼夫人感情诚挚，给人留下了深刻的印象。爱丽丝·弗里曼·帕尔默的演讲不同以往，仿佛我以前从未听过她发言。我简短的演讲比别人收获更多掌声。理

查·德哈洛韦尔夫人也登台发言并介绍了威尔逊夫人。"

此次简短的演讲后，她收到了一大堆信，绝大部分是匿名的，来信满是指责，有些措辞激烈，特别是"写给波士顿黑人同情者豪夫人"的这封信。这让她感到悲伤，但在任何场合她从未停止呼吁反对邪恶事物。

"1896年2月26日。在州议院参加妇女选举权听证会。一大早改稿子（她的发言稿），对观点的论述颇为出彩，然却相当失望，因为没人为我鼓掌。必须接受这个教训，学会做事不图赞扬。这样想让我稍感安慰。很快，其他人的演讲让我完全忘却了自己的不悦。"

"1896年3月22日。离开教堂时，詹姆斯·弗里曼·克拉克太太拦住了我，把我的双手放在她的手中，说她确信因为我的存在，这个世界变得更加美好。一位如此情感不外露的人说出这样的话着实让我感动，也是种安慰，常为自己过去碌碌无为深感愧疚……"

"1901年3月1日。春天首日，虽然天气仍是寒冷冬季的样子。八十二岁了，能活这么久，我很感激。到目前为止，最大的麻烦是赐予我的宝贵时间，我却使用不当。后来我一直对自己说：'你看不到有戏剧上演了吗？'部分原因是孩子们希望我放弃公开演讲。"

"1901年3月4日。去新英格兰女子俱乐部，遗憾失望的是，这是我今年头一次去那。受到了热烈的欢迎……突然间冒出这么一个想法，即女性接受自由教育将会给迷信致命的一击。我说道：'我们女人一直是宗教感情的港湾，但我们也为迷信提供了坚不可摧的藏身地，迷信有时和蔼可亲，有时极其残忍，且贻害我们种族。'没有人注意到我说的这一点，但我会坚持不懈……"

1901年4月下旬，她如约去了纽约州，做了些演讲，内心满是欢喜，但身体却很疲倦。回来之后，有一阵子感觉好像是时候该走了，不过很快，她的思想恢复到先前的状态。

有一天，她既做了演讲，又参加了欢庆会，受到家人温柔的责怪。她回答说："我给予，我收获；我宣讲，我得到祝福；这完全合乎情理。"

还有一次被问及演讲后累不累，她说："不累！为什么会累？累的是他们（听众），而不是我！"

1903年初，林肯解放宣言四十周年庆典在法纳尔大厅举行。茱莉娅发表了演讲。"现场的气氛让我深受感染，我想我这次演讲比以往的演讲更精彩，回顾了战前、战中那段荡气回肠的英雄时代，以及四十年前我亲历的第一次庆典活动。"

"1903年7月30日。橡树谷。早上六点一刻起床，快速穿好衣服，和亲爱的弗洛伦斯登上了九点去波士顿的火车，在米德尔顿火车站看到了来自西部（丹佛和爱荷华州）的老师，他们看我走近时，开始高唱《战歌》。这让我沉醉，同行男子迈克尔听出了这首歌，他说：'豪夫人，这是为你送行啊！'"

茱莉娅如约去马萨诸塞州康科德做讲座，主题是《爱默生诞生以来的一世纪》。她对这篇文稿心怀疑惑，并告诉桑博尔先生（借她手稿的一位记者），她认为演讲少说些，效果会更好。"我竭尽全力讲述正确的事，至于是否做到了这一点，我不敢保证。"尽管有担心，但讲座受到了大家热情的欢迎。

1907年4月的最后一周（亲爱的女儿劳拉仍然不在身边），茱莉娅连续四天发表了四次公开演讲，在盲人幼儿园演讲，她在日记中提到："我怀念迈克尔（茱莉娅的大女婿）健在时常做的好事，我在孩子面前夸赞他，称他是一位值得永远纪念的人，对于大众而言，他不辞劳苦创建的这些学校是他留给公众的神圣遗产"。她在法尼尔大厅召开的旧友欢聚会上演讲，还在西牛顿高中和普罗维登斯召开的会上发表演说。第五天，她在冬青俱乐部回答了这个问题："现今最大的罪恶是什么？""对价值观的错误解读，对阻碍精神成长而非提升精神发展事物的狂热追求。"

这波忙碌之后，她开心地休息了一两天，下一周又开始为女性选举权欢庆日做准备。"晚上，我在法纳尔大厅举办欢庆会。真是忙碌的一天。玛丽小姐和吉尔伯·特默里教授早上九点来吃早餐，我很开心。随后我的小音乐家记录下三首曲子，接下来为晚上的活动做准备。下午杰克和伊丽莎白·查普曼来访。下午五点差一刻抽出片刻稍事休息。下午五点四十驱车前往法尼尔大厅，发现现场的人并不像有时那样爆满，为我的演讲感到悲哀，大厅的灯光略显昏暗。我宣布大会开始，首先介绍了怀特先生及女士四人合唱组合，然后朗读了我那可怜的小杂文，庆幸完成了我的任务，我的演讲稿出版了，读起来一点都不差。"

"1907年12月17日。桑伯恩来接我，我一直祈祷能身康体健地参加这次活动，几周以来我最后一次公开出席活动。能在我年事已高时在惠蒂尔百年庆典上朗读我的诗，我很感恩。一位现场听众告诉我，我的声音不能再好了，一些听众说他们能毫不费力地听到我的声音，这些反馈让我感到心安。"

1909年9月下旬，她怀着既喜悦又害怕的矛盾心情期盼着在纽约举行的哈德逊富尔顿一百周年纪念活动。主办方向她约诗一首，她耗费了大量心血，写了又写，锤炼打磨文字。本来预估七月份能写完，但是在庆祝活动开始前两天她还在修改诗稿。

"我对自己写的富尔顿的诗非常不满意。今天下午躺下来休息，没有睡觉，觉得没必要睡。我尝试新加几行把诗激活，效果不错。我没带草稿纸，不得不在桑伯恩的旧信封上潦草地写下我的修改稿。"

那天晚些时候，两行诗句涌上心头。第二天，又有两行诗句涌上心头。最后，活动当天早晨，醒来时，她大声喊道：

"我知道最后一句诗歌了！"

本次活动很隆重，大都会歌剧院的舞台上挤满了社会各界名流，还有其他国家的代表及穿着帅气制服的外交官们。她是这群人中唯一的一位女性，身着白色衣裙小小的她挽着儿子的臂膀边走边和大家打招呼，整个大厅所有的人都起身站了起来。大家一直站着，直到听她朗诵完诗，她声音清晰洪亮，雷鸣般的掌声表明她的诗再次打动了在场的每一个人。

写给朋友乔治·理查兹的信

1909年10月1日，橡树谷

亲爱的乔治：

尽管有征兆可能会晕倒、中风，或其他什么毛病，我都能克服。现在麻烦的是，我不能继续召唤成千上万的人，然后说："钦佩我，敬重我。这些文稿可都是这个小小的我创作的。"说真的，面对兴奋的人群，我只是略有感叹。但我希望我的感官能及时恢复。我朗诵这首诗时，对后两节作了改进。最后一行是：

自由之旗冠顶北极！

我告诉你，我靠着意志力在讲，他们(听众)发出很大的嘈杂声……

相信听到手拿拖把的爱尔兰女仆的恭维，她最高兴，这位女仆一直在剧院的侧门旁聆听。"哦，亲爱的小个子老太太！"她哭着说,"你讲得可真好!"

1910年3月多风的某日,她"可怜地病倒了"。朗玛德医生来了,宣称她的肺部"听起来像一个低音鼓"。只是喉咙受了冷风和灰尘刺激,没有什么大碍。于是她强迫自己投入到下一个任务中,为詹姆斯·弗里曼·克拉克百年纪念写一首诗。

"人们期待着我为亲爱的詹姆斯·弗里曼百年纪念写首诗,对此我感到绝望。今天,诗的韵脚突然翩然而至,但思想却难以言传——他灵魂深处对天堂的思索是他给予这个世界及留给我们的遗产。"

"1910年4月1日。为我的诗辗转反侧,难以入眠……"

"1910年4月2日。这首诗终于能自圆其说了。罗莎琳德,刚正不阿的批评家,表示满意。我希望所有的辛劳都是值得的。我极不情愿地交上了诗稿,不奢望有人能理解我诗中的修辞格。对于这首诗,我满怀感激。"

这是她献给这位心爱的牧师的第三首诗,或许这首是三首诗中最好的一首。她是这样表述那难以表达的思想的:

揭开过往面纱,

于现在有什么益处呢?

那只是他胸前一面镜子,

映照出一位天堂来客,

他的爱让我们获得自由。

获得温情的陪伴。

他带给我们很多，留给我们很多，

哪怕在我们失去他的时候。

她这样描述那次经历：

"夜里咳嗽，醒来时很害怕，担心剧烈咳嗽会让我的朗读变得让人难以忍受甚至荒谬可笑。想象我读整首诗歌(40行)时没有一点轻微的咳嗽，声音清晰洪亮，这样想让我开心。"

过了一段时间又是玛格丽特·富勒的百年纪念——唉！这次在剑桥举行活动她并不十分欢喜。邀请她参加活动，但告诉她"不必发言"。原本是好意，不想麻烦九十一岁高龄的人，但这却是她最不想看到的。她几乎不敢相信她被遗忘了——她认识玛格丽特，曾与她攀谈过并通过信。

"他们居然没请我演讲！"随着纪念活动临近，她不止一次这么说。

当然，她相信当他们看到她时，他们会让她发言的！

"我写了一首关于玛格丽特的诗！"

"随身带着它！当然你会收到邀请，要你说点什么，那么放在口袋里的诗就派上用场了。

莫德也这么想，信心十足。事实上，如果她自己能陪着母亲一起去，那么问题就很容易解决，不幸的是，陪同茱莉娅的是一位朋友，对此事无动于衷。她回来后又累又沮丧。"他们没有让我说话。"她说，"我是现场唯一一个认识玛格丽特并记得她的人。"

有一段时间，她深受这件事打击。觉得虽然赢得比赛触手可及，她"却没机会上场"。

年龄不是她的障碍，她从不因年龄而放弃钟爱之事，一息尚存，奋斗不止就是她一生的写照。

笔译口译

茱莉娅精通七门语言：英语、法语、德语、意大利语、希腊语、拉丁语、希伯来语。她小时，家里请了各科老师，教孩子们音乐、语言、甚至舞蹈，尽管孩子们被禁止（或者很少）跳舞，但是还是有专门的老师教他们舞蹈。茱莉娅年少时就熟练掌握了法语、德语和意大利语。意大利语老师是受人尊重的洛伦佐·达·庞特的儿子，他在青年时期曾为莫扎特写过剧本：《唐·乔凡尼》和《费加罗的婚礼》。学习也并非都在家里进行。1836年，她在位于华盛顿广场第五大道的第一幢建筑，即斯密斯夫人寄宿学校里学习某些课程。

茱莉娅说："我十六岁离开学校，之后开始爱上学习。之前，不切实际的浪漫和狂野的想象总干扰学习，我沉溺于白日梦中。

白日梦让我情绪亢奋,远胜过学校整日背书的乏味。梦醒后,我开始意识到刻苦学习的必要性。立刻制定了学习计划,借助声乐及器乐练习来缓解疲倦。"

当她开始学习德语时,制定了每天的学习任务,为避免杂事干扰,分散注意力,她就把自己绑在扶手椅上,命令在规定的时间内,任何人不得干扰。这就是她的性格,习惯一旦养成,便终身不变。学习于她就像酥肉和美酒。山姆哥哥从欧洲游学归来后带回大量图书,她看到了乔治·桑德和巴尔扎克,熟读了哥哥为她精选的书籍。用德语,她熟读了歌德、让·保罗及马蒂亚斯·克劳迪乌斯的作品。学习过程中所体会到心智自由,她认为半是愉快,半是警觉。

在痛失亲人的巨大悲痛中,她通过学习来缓解剧痛。父亲病逝后,约翰·沃德叔叔离开自己的家,搬来与孩子们同住。从那时起直到他1866年去世,他是茱莉娅兄妹的第二个父亲。他对失去双亲的侄子侄女的关爱情深意长,温馨暖人。他热切地希望茱莉娅三姐妹成为管家能手,对茱莉娅花大量时间在书本和音乐上略有微词。他乐于送给她们布料丝绸,但要求她们自己剪裁缝制衣服。在家庭裁缝的大力帮助下,女孩们也乐意动手去做。

1840年,茱莉娅翻译了拉马丁的《约瑟琳》,这是她出版的首部文学作品。约翰叔叔特意在报纸上登文,说道:"这是我家小女,略通文学,译作一部,付梓出版,然我盼她更擅家务。"

婚后，这位从小衣食无忧的大小姐才意识到约翰叔叔的一片苦心。她感叹道："多年后，我对他的这种感怀产生了强烈的共鸣。"

茱莉娅一辈子都在学习，学习是她一生灵感的源泉，学习是她真正的家园，然而社交场上见过她的人，没人会想到她一直在努力：那根本不是她！她能尽兴地玩耍，也能投入地学习工作。她是一块多面水晶体：生活的每一面都在她那有反射。人际交往点燃了她的热情，但当火光冷却时，她更加迫切地需要独处学习。

若干年后，她向年轻一代讲述每天坚持学习的益处：

"如果你每天有三个小时的时间，可以学习艺术、文学和哲学，不是深挖细究地研习，而是广泛涉猎。

"如果你每天只有一个小时，那就用来阅读哲学，或学习外语，无论是活的语言或已消亡的语言。"

她自己也是这么做的。1851年，茱莉娅去了罗马，从犹太人聚集区找到了一位有学问的先生，重拾希伯来语。

1867年的希腊之行中，她收获了一大兴趣：钻研古希腊语。拉丁语是她一生的朋友，她一直渴望学习这门古典语言的姊妹语，现在时机成熟了。学习始于雅典，她不仅学习现代希腊语，还借助识字本及常用语手册学习古希腊语。学习希腊语成了她最大的一个爱好。她期待上希腊语课，就像女孩期待参加舞会，年老时，她常常说："希腊语就是我的钻石项链！"

1876年，费城召开了一次伟大的和平会议。阿达·鲍尔斯牧师描述了这个场景："来自法国，意大利和德国的代表们都热烈期待他们的声音能被听到，但他们几个代表没有一人会说英语。听众们同情地看着主席焦急的面孔，一个声音说道：'请来豪夫人。'在场的人永远不会忘记她的出现如何将一场会议从失败的边缘转为巨大的成功。德国人、法国人、意大利人轮番站在她旁边发言。适当的时候，她举起一根手指，然后用她完美的英文翻

第四章

时代先驱

19世纪中期，美国社会普遍认为女性从属于男性，妇女的职责在于家庭，为人妻，为人母，养育子女，操持家务。当时的绝大多数美国人相信女性和男性在生理和智力上存在着先天的不平等，女性低劣于男性。所以，国家政治事务和社会事务以及一切公共机构都应由男性领导控制。在法律上，女性没有选举权、财产权。女性被剥夺了平等受教育的机会，所接受的教育仅仅是使她能够装饰自己的丈夫和家庭。茱莉娅视野开阔，思想深刻，敢于向传统社会发起挑战。她借助手中的笔撰文编著、借助各类俱乐部及公开演讲的机会鼓励广大女性挣脱社会强加给女性的角色枷锁。她孜孜不倦致力于推动两性平等、教育均等、世界和平及社会公正。她质疑男性权威，提倡监狱改革，呼吁社会为底层人民提供真正有效的帮助。她的很多思想超越了她所处的时代，与当时社会的主流观念相悖，即使现在看来，也具有前瞻性。让我们用历史的眼光去倾听她的心声，体味她发自灵魂的心语对于同时代人的巨大价值和意义。

性别平等

"1872年10月5日。波士顿。参加新英格兰女子俱乐部负责人会议,然后听切尼夫人关于《英国文学》的演讲……一篇引人联想且有趣的文章,我很高兴能听到她的演讲,也欣慰邀他人来听。虽然她无恶意地暗示,我把橄榄枝桂冠放到了一边,但她没提及我的任何作品。谈及当代文学,我的作品还是值得一提的,也许她没读过或不喜欢我的作品。现今,人们认为我更像是一个活跃的女权活动家,而不是文学家,人们就是用这个短语来形容的。人生充满磨难,当我听到文学作品受到赞扬,想起我对它的热爱,想起曾经的褒奖表扬。我很少念及这些年来我为了女权活动牺牲了多少,这种志愿服务工作让我成为一些人的敌人,同时也成为一些人的朋友。我感觉有种力量召唤我去做,我仍然认为,如果我犯了一个错误,这就是最好的、诚实的错误。"

茱莉娅感叹女人的地位比黑人奴隶强不了多少:"社会的法律和义务有赖于达成的契约,但契约不能剥夺任何一类人的权利,却只规定他们的义务,因为如果你拒绝他们所有的权利,你甚至已经剥夺了他们成为这个契约一分子的权利,而这一决定只能是他们自己有权来定夺。奴隶没有权利,女人仅有些许权利。"

"考虑到女性神圣使命及价值，女性不应再是男性的附属品，而是自由个体，和男性一样享有同等的权利，承担同样的义务。这一发现仿佛是给世界地图增添了一个新大陆。这一念想并不是顷刻间形成的。在我哲学推理中，妇女在道德和精神层面是和男人平等的这种想法早已有之。要不然妇女如何承担得起养育子女这一庄严又不可逃避的重任呢？内战结束后，奴隶不仅获得解放，而且赢得了尊严和公民权。北方妇女为打开奴隶通往自由之门，保护奴隶权益付出了巨大的努力。这扇大门却要把她们拒之在外吗？"

面对根深蒂固的男尊女卑的思想观念，她说道："事实上，这种观念还有一定市场，在我们看来，这种外在的强制并不现实，通过强迫妇女穿黑衣，戴面纱来干涉控制妇女思想情感。仿佛女人这种生物如同门上的铁栓，随手可以推开。我们宁愿搁置不去思考女性的人性问题，只是给予几分怀疑而已。"

新思想新理念的大门向她敞开时，她已经快五十岁了。"哎！倘若我早知道，"她感叹道，"女性精神实质、女性能力、女性的高贵及智慧，我的生活一定会更睿智，目标更高远。"

她是《女性杂志》的创始人及第一任编辑，杂志首期她写道（1870年1月8日）：

"该事业发展尚处于摇篮期，聚集在周边的人并不年轻。我们的孩子已准备好即刻接替我们的社会职责。我们中有些人一直在细心等候最后的召唤，并不是因为体弱多病，而是因为成家之后，我们在最后升入天堂之前再也没有为自己树立过目标，不过这份年轻的事业摆在我们面前，需要我们呵护扶持，我们必须活着，不能就此离去。至少，我们决心要让我们的期刊活着。"

"女性的错误就在于臣服于那个从来都不允许她去工作，去实现自我理想的男性。"

"必须工作挣钱，但不能为挣钱而牺牲高尚。"

"你们这些自私自利的男人，为妇女制造出一个可怕的职业，你们从毫无防备、天真、无知的女孩那里招募你们的队伍成员，据我所知，这是男人为妇女创造的唯一·个职业。

"如果男人给予女人机会，如果男人对待女婴的态度能向对待男婴一样，那么我们就会为自己创设一些职业。你们年幼时，我们教导你们。哪怕在这方面，我们也看不到你们的感激之情呢？我们年迈时，你们却一直指令我们。"

"在讨论公正对待女性的问题时，他们谈到了堕落的女性，我祈求他们不要用那个让人绝望的词语，每个堕落的女人背后都有一个和自己一样有罪的男人，只不过男人免受谴责，但他们的灵魂在面对上帝时是要坦诚的。按照旧的教义，是女人恶毒放荡，但不要说女人堕落，除非你承认男人也堕落。

"基督教关于婚姻的教诲，婚姻是温柔而神圣的互惠互利。

犹太教中通奸只认定女人犯罪，纳妾权波及面很广，只不过被谴责为不忠。男人不会和另一个男人的妻子偷情，但是缘何任何女人的丈夫都可能与其他女人有私情。基督显示了男人如何违背法律，而这部法律只是完全或部分针对女性起作用。男人胸中不纯洁的思想侵犯了法律的纯洁性。婚姻生活的相互义务对许多男性听众来说可能是全新的。"

1877年9月茱莉娅来到瑞士，此次访问瑞士的重要目的是参加由约瑟芬·巴特勒夫人召集的日内瓦会议，旨在抗议英格兰将某些恶习合法化。

"今天的大会——用法语发言……我谈到人性的两个方面：主动和被动，论及女性教育过程中夸大了其性格中的被动面，以此为据，推断女性容易受诱惑而沦为受害者；也提及美国女性教育中对这些问题的纠正。美国妇女教育取得的进步——男女同校有助于年轻男女构建更有益的关系。社会较少考虑妇女，教导她们也不去思考女性问题。说到婚姻，弥尔顿的教义是：'他只为上帝，她通过他感悟上帝'这种教义是偏袒，不公正的。'上帝，有必要把他放在两性中间，这样他们两个都先属于上帝，其次又属于彼此。'

"希望能以布兰克今天谈论的男性优越性为例推开来说。女人是第二个被创造的，这不是次等的标志，可以说，此种不平等学说非常危险。次等地位，次等教育，次等法律等等。道德规范恰恰与之相反。如果妻子耐心,丈夫急躁,妻子优胜;如果妻子纯洁,而丈夫荒淫,则妻子优胜。整体来看,每个人都是不可或缺的。绅士们,如果女性在你幼小时不照顾你,你又会在哪里呢?"

1884年,茱莉娅被任命为新奥尔良博览会妇女项目部主任,在妇女部展厅正式开放日她说道:"我想从工业视角谈谈在本次伟大工业展览会上,展现女性所取得成就的重要性。几乎所有的生产制造中,女性都奉献出她们的聪明才智。然而长期以来,女性的成就一直从属于男性,没有得到大众认可,未能给世人留下深刻的印象。这个世界对于女性的认知远未完善。女性常被认为是消费阶层,需他人的支持。根据自然规则,女性是生命生存的必然条件……今天的展览有益于大家重新认识女性被低估的价值。整体而言,女性在提高使用率水平及活动标准方面有着更高的道德水准。女性卓越的工作一旦得到认可,有利于激发人类活力。那些巾帼不让须眉者给我们树立了榜样,也让那些无所事事者感到羞愧。巾帼英雄们肩负着为女性正名的责任,需更加勤奋,精益求精,社会也会从中获益。

"我更牵挂的是各种协会中的女性,这些女性不是通过血缘相通或邻里关系聚集在一起的,相比于掌握某项技能,更重要的是培养她们的公德精神。有句谚语'为了大众利益',男性应该在幼儿时、炉火边就开始学习。除了女性,这个家庭精神的守护人外,谁还能教导幼儿们学习各种教义,培养他们养成有益于社会发展的奉献和忠诚的品质呢？

"因此，为了男女双方的利益，我重视妇女为促进社会的进步而设立的各种无私社团……

"某天，你心情激动地拿回一面战旗，这面旗帜的破裂处已被精心缝好。姐妹们，让我告诉你们，现在我们所有人共同拥有一面旗帜，宽大鲜艳，足以覆盖我们所有人。让我们共同努力不让它有任何破损。"

"如果最优秀的女性能助力最优秀的男性，那么最优秀、最睿智的男人所能想象到的一切人类梦想都可以实现。"

茱莉娅呼吁高等教育的大门应向妇女敞开，经过多年坚持不懈的努力，终于等到这一天的到来。1861年，第一所女子专科学院瓦萨尔成立，1865年正式招生。1875年，史密斯和韦尔斯利女子学院紧随其后。鉴于卓越之成就，回想大学之门尚未开启之前那些伟大的斗争似乎有些虚幻。茱莉娅，阿加西太太和其他人，这些女人们起初轻轻敲门，然后大声地拍。她们遭到暴风般的抗议。人们著书立作，发表演讲，力图证明大学教育对妇女的健康具有毁灭性的危害，对子孙后代也是危险的。高等教育界的朋友们用类似的言语做出回应。唇枪舌剑，争辩不休。耐心的双手依然在不停地敲打，诚挚的声音奔走呼告。直到后来，有敌人，但也开始有了朋友，慢慢地，门吱吱呀作响，许多征兆表明，大门要开了，先是一条缝隙，然后一道口子，直到今天，大门宽敞，现在女性高等教育像金字塔一样稳如磐石。

在女性获得高等教育决策权的运动中，她说："让女性有资格在校董会服务的提议起初遭到嘲笑和强烈的反对，后来，阿比盖尔·梅对早期的提议做了大量改进，最终通过了审核，而该提议最早就是在新英格兰女子俱乐部召开的特别会议上提出的。男性及女性做了大量工作后，最终女性获得了学校投票权。"

多年来茱莉娅为妇女在法律上获得和男性平等的权利倾注了诸多心血。"我在某代表团工作，曾多次负责向立法机构提议，指出法律的不公。法律禁止丈夫与妻子签订商业合同，否认已婚妇女有权担任孩子的监护人，我们也反对被称作"寡妇隔离"的法律条款，该法令禁止寡妇在丈夫住所居住超过四十天而不付租金，在同等情况下，鳏夫却对死去妻子的房产拥有无限权利。最后，我们敢问是否男性夜行者应该受到与女性夜行者同样的惩罚。我们的提议通过立法机关审核，成为马萨诸塞州法律的一部分。

"1885年，2月12日。在州议会听取遗嘱认证委员会等机构审核茱莉娅·沃德·豪等人的请愿书，有可能从三方面对涉及已婚妇女的法律进行修改。我们准备了三个独立的议案，一项提议是母亲与父亲在子女问题上享有平等权利，特别是涉及子女们居住地和受教育问题时；第二条，现行法律规定妻子死亡后，丈夫将获得妻子所有房产，提议改为丈夫分得一半，孩子分得另一半,丈夫去世后,寡妇享有同等的权利,可分得丈夫一半房产;第三项法案提议丈夫和妻子彼此有义务承担财务责权。"

在妇女参政论者的不懈努力下,这些法案全部通过。

一开始茱莉娅对女性选举权的想法并不认同。这种要求似乎不合理,她对这项事业及其倡导者都持反对态度。然而,1868年11月, 托马斯·温特沃斯·希金森上校要求她出席以女性选举权为名召开的会议,她未拒绝。这是"一个自由而友好的会议,"上校说,"没有丝毫苦涩或过分言论。"

会议当天,她穿着雨衣,走进园艺大厅,根本没打算积极参与其中。事实上,她希望不被注意,直到被紧急传唤到主席台和其他人就座,她不情愿地听从了安排。就这个简单的动作,旧思想改变了。主席台上聚集了争取女性选举权运动的领袖,一些人她已认识:威廉·劳埃德·加里森、温德尔·菲利普斯、托马斯·温特沃斯·希金森,詹姆斯·弗里曼·克拉克是经验丰富的改革队队长,她丈夫的老战友。看着他们坚定的面孔,她觉得她就是他们中的一员,她必须出力推动车辆前进,而不是给轮子踩刹车阻止其前行。

除了这些人外, 还有一些她不认识的人。正是在此次会议上,她第一次看到了露西·斯通甜美的面孔,听到她银铃般的声音,多年来这声音一直是那么亲切。真正的女人站在这里,她纯洁,高贵,志存高远,脸上闪耀着美好生活的光芒。这些男人女人一直是废奴运动的捍卫者和倡议者。现在,他们要求妻子和母亲享有给予黑人的公民权利。"在任何情况下,共和党政府应该站在公平公正的立场上。"他们演讲真诚,她听到了一个新真理。要求她发言时,她只能说:"我和你们站在一起。"

她为女性争取选举权的大部分最重要工作都是在波士顿州议会大厦完成的。在马萨诸塞州,每年向立法机构提议已成惯例。

听证会往往令人恼怒疲乏。她不厌其烦地列举给予妇女选举权的论据,反驳那些持反对意见的人往往让她精神烦闷,但她从不拒绝参战。"如果我太生气了,"她曾经说过,"我可以用希伯来语说!"

在某次听证会上,女性选举权被定义为"少数派事业",她"被气疯了"。她的话,虽不是希伯来语,但依然表现出古以色列人的战斗精神。

牧师:"大多数女性对此漠不关心或持反对态度的事实足以证明女性选举权是错误的。"

豪夫人:"我可以问个问题吗?十二门徒为我们争取更好的社会环境时,几乎整个社区都反对他们,难道他们错了吗?"

博士:"我想这个问题仅仅是为了达到某种修辞效果。"

豪夫人(被要求在两分钟内回答问题,低声说道:"如果不允许我说话,我会死的!"):"我不知道某某博士的情况是怎样的,但我的成长教育过程中，从未将《圣经》视为达到修辞效果之手段。在我看来，女性选举权支持者和反对者就像寓言故事中聪明的处女和愚笨的处女，数量相等，但智慧不同。新郎到来时，某某博士，愿你准备好他的礼服！"

她在马萨诸塞州妇女选举权协会上曾经说过："这些会议及其他一些事情，都展现出那些相信妇女选举权人们的性格。聚集在这里的人不是疯狂尖厉的暴民。我们并不蔑视婚姻，也不忽视家庭子孙。我们都心智健全，过着体面的生活，和社区其他人一样，享有同等的福利。我们大多数人都有一定的经济实力，靠自己赚得财富或继承祖上而得。我们的生活已经是，或者希望是，能靠在圣洁炉火旁，摇着幸福的摇篮，银行账户余额足够。为什么有些人要把我们视为社会公敌，好的政府难道不是有益于我们每个人吗？

"反对赋予妇女选举权的一大论据是，男性在战争期间为女性提供保护，因而有权剥夺她们的政治权利。但是，先生们，允许我试问，你们给予我们的哪项保护可以和我们在你们出生时给予你们的保护相提并论？你们刚来到这个世界，弱小无助，脚不能站，手不能提，没有母亲温柔、持续不断的保护，你们中的任何人都长不大。不是任何一代男人都会被号召为保卫本国妇女同胞上战场，这种概率并不很高。但任何一代妇女都不会对出生的男婴不给予她们那不知疲倦、无微不至的保护，这种事绝不会发生。我们中有些人理解这种保护要耗费多少精力，多么琐碎细致，熬过多少焦虑时光，多少不眠之夜！母亲在家忙碌，不仅强健婴儿身体，而且构建他们意志，教导他们温和、纯洁、诚实，培养人道意志素养，这是国家和教会一直赖以生存的伟大道德教化力量。如果一位男士能够回报母亲在他婴幼时给予他的保护，那么他应该十分高兴。故而，保护是双向的。

"如果男性选举权令人不满，这根本不能表明女性选举权也会如此。相反，我们可以通过给予女性选举权使选举变得更好，在某种程度上，女性选举是对男性阳刚之气的一种补充，我认为，这恰好使人类智慧变得完整。我们占人类一半，我诚挚地相信我们有一半的智慧和良好人品，现在是该表达我们的情感，我们坚定意志的时候了。把我们的脸当作燧石面向公正及正义，踏过布满荆棘的荒野，在不同的路上去追随公平正义。不为苦涩的终点，而为甜蜜的结局，我希望在我有生之年能等到这一天。"

1875年，在立法听证会前，她在俱乐部会议上说道："除了妇女选举权的哲学推理外，我们希望能从宗教信仰的视角来探讨该议题。人类的问题只有与神联系起来才会显得荣耀。

"宗教使我成为和我父亲及兄弟一样平等的道德载体，宗教给了我作为公民的权力和资格，而公民权是我今天要在这里争取的，我应该平等地和男性分享权利和义务，社区中他人拥有的权利不该比我多。税收，牵涉到公共卫生，秩序及道德等方面的法律对我的影响和对我家庭男性成员的影响是一样的，我和他们一样期待这些部门能制定出确保各机构正常运转，合情合理、值得信赖的准则。

"尊重家庭信仰，让信仰之火照亮你心灵……古罗马修女们既是壁炉火种的守护者，又是罗马帝国档案馆的守护者。因此，任何时候，家庭守护着生命神圣之火，国家的命运掌握在那些守护国之圣火者之手。

"带着家的威严和尊严出门……在盛大的聚会中，让炉火散发出的谦卑优雅照亮你。家风就是新式传教，无论去哪，都带上家的精气神陪伴你，给你安宁、安慰、宽容和祝福。

"上帝禁止本国的骑士精神和立法条文相互排斥。绅士们，我请求你们在立法时，发扬你们的骑士精神。让真正的基督教骑士精神在你们的队伍中找到自己的据点，用最高真理武装自己，以最坚定的决心，帮助我们可怜的妇女摆脱受压迫受欺诈的不公境遇。"

茱莉亚的日记中写道："1893年1月7日。在女性教育和工业联盟大会上代表克里斯比博士发言。觉得必须将妇女选举权与新女性结合起来讲，呼吁女性从自我奴役中解放出来。"

1894年的一篇日记中写道："上午十点在碧绿室聆听妇女选举权讨论。对此次演讲我头脑异常清晰，决定谈论这两类人，那些自然而然地希望为自己保留最好东西的人，以及那些禁不住想要传播扩散他们所欣赏之事的人，宁愿人人能自由获取美好事物，自由给予美好事物。"

"1895 年1月8日。一觉醒来后感到非常沮丧，我面前一大堆工作，每项任务都要求有些原创性的脑力劳动，我的意思是得给听众传递一些独特新颖的想法。疑惑之际，今天妇女选举权演说的题目浮上心头：'王国并非建立在考察之上。'公众对妇女选举权的认同在悄悄地，逐渐地，奇妙地增长，若干年前基督言传身教传递给我们和谐世界的理念仍在传播，在我看来，这些理念现在才刚刚开始引起公众的注意，才开始逐步发力，形成构建世界理事会的概念。"

"1902年1月27日。一大早就醒来了，开始担心听证会……仔细穿戴整齐，按时来到国会大厦，慷慨激昂地陈述了我的观点，反对派唠唠叨叨地驳斥说我们的提议只是要通过阶级立法，并说他们知道这不过是为实现赋予所有妇女选举权的一个棋子而已。两派的差异显然是不可调和的。轮到我们反驳时，我说：'多年前，约翰·昆西·亚当斯向国会提交了废除哥伦比亚特区奴隶制的请愿书，没有一个南方人会认为这份请愿书对南方黑人奴隶没有影响！三十多年过去了，我们来这里就是为了所有妇女享有完全的投票权，现在却被指控来到这里是为了将我们先前的当事人排除在选举权之外？怎么能说我们打着这样的算盘，同时又布局谋划赋予所有人选举权呢？'"

"1904年1月27日。我非常渴望参加今天的妇女选举权会议，担心莫德反对我外出，因此晨祷的一条便是帮帮我。令我惊讶的是，她居然没有反对，只是和我一起去了，一直待到我们陈述部分结束。当她要带我离开时，我才看到我昨天写的小纸条，我说道：'智力不分性别，不是所有的男士都是不愚蠢的！'笑声响了起来……"

在1905年的妇女选举权听证会上，她说："惯性是神圣的命令，是必要的，但创造世界、生命及文明的前进动力是可以击败惯性之陈命。正是惯性妨碍妇女获得选举权，对于物质及道德观念变化的恐惧在大众身上是根深蒂固的……"

茱莉娅最后一次为妇女选举事业效力是向所有编辑及四个最早成立妇女选举权协会的所有部长发出调查函，询问妇女选举权协会的工作是否运行良好或有麻烦。寄去信函的四个州分别是：怀俄明州、科罗拉多州、犹他州和爱达荷州。她收到624份回复，62份认为不合格，46份持怀疑态度，516份赞成。她给伦敦《泰晤士报》写了一封信，告知调查结果，这封信和她去世的消息同一天传到了欧洲。

俱乐部女王

霍姆斯博士曾经对茱莉娅说:"豪夫人,我认为你是非常适合做俱乐部工作的。"他补充说:"我不行",解释了为什么他被冠以"早餐桌独裁者"的称号。最优秀的健谈者往往不善于倾听,倾听是俱乐部优秀会员的必备条件。茱莉娅十分健谈,但她更擅长倾听。凡是认识她的人都知道她在听他人谈话时是多么的专注,听到各种各样的信息,她十分开心。她不知疲倦,总想听到更多。她对所有人的经历都饶有兴趣,勤杂工、裁缝、邮递员、接线员,她全神贯注地倾听他们说的每句话,和她聊上半小时,能看到她脸上深切的同情,在他们倾诉时,安慰鼓励的话语已堆在她那灵巧的嘴边。即使是最沉闷的人离开时,可能都会觉得自己是个天生的故事大王。

1865年1月,茱莉娅记录了新俱乐部——"女性社交"在约西亚昆西夫人家办的第一次会议。这里聚集了一批聪明人,也就是大家所熟知的"智慧俱乐部",这个俱乐部多年来给她带来很多乐趣。昆西太太是俱乐部的第一任主席。会议上,茱莉娅被要求用几句话来陈述俱乐部的性质和目标,她这么向大家说:"女士们,先生们,成立这个俱乐部是为了进步,"她停顿了一下,眼睛闪着亮光,"为了朝着目标向前迈进!"

她简要描述了俱乐部在栗子街13号的某次聚会：

"在智慧俱乐部玩猜字谜游戏。第一个词是乌烟恶魔，第二个是灾难，为了帮大家猜出乌烟，我背诵了勃朗宁夫人《致死乌烟》中的诗句，那些她论及上帝及赫耳墨斯的诗行，至于恶魔，我说我有一个女浮士德和一个女撒旦。范妮·麦格雷戈，爱丽丝·豪，汉密尔顿·王尔德，查尔斯·卡罗尔和詹姆斯戴维斯都协助我，大家都玩得十分尽兴。"

她认为"俱乐部是一个灵魂的高级盛宴，提出了许多崇高的思想。"1867年她加入了"根基俱乐部"。"根基的特点是，会议上提出的想法都有根源，正是在这个意义上被称作根基，我听过很多人的演讲：包括温德尔·菲利普斯、奥利弗·温德尔·霍姆斯、约翰·韦斯和詹姆斯·弗里曼·克拉克，法国新教的传教士阿塔纳塞·可克雷尔、威廉·亨利·钱宁，希金森上校、巴托尔医生以及其他很多人。毫无疑问，有时也会说一些过火的话，但是群策群力后达成的平衡会保持一段时期。在翔实论据基础上，求证思想并得到认可，回想起这个过程让人身心愉悦。"

"……晚上去了俱乐部，正如我希望的那样，我的胡话让众人大笑不止……"

"逗乐大家，让我小有满足，又略感兴奋。傻瓜往往比聪明人更易于逗笑众人。我心中滋生出一个更高的目标。毕竟，纯真聪明的笑声是不容轻视的。"

"1873年3月17日。根基俱乐部⋯⋯这是一次有趣的会议，但我觉得俱乐部已经完成了自己的任务，人们开始相信言谈会改变世界：这一点很重要，但不做思想工作，就不会有这种观念的转变。"

1868年冬天，另一个给她带来终身乐趣的协会诞生了——"新英格兰女子俱乐部"。这是最早的一批妇女俱乐部，于1868年2月16日成立，卡罗琳·塞乌斯夫人率先想到这个主意，担任俱乐部主席。俱乐部章程宣布该协会的宗旨是给会员带来舒适和便利，在波士顿为会员们提供一个安静的休息场所及集中开会的场所，最终的目标是成为一个有统一思想行动的社会组织中心。

所有了解女子俱乐部历史的人都清楚，相比第一个目标，第二个目标更有价值意义。从新英格兰女子俱乐部到一个月后在纽约成立的姊妹俱乐部索洛斯，妇女俱乐部快速发展形成了一个巨大网络，就像包含着思想和善意的铁路网，渗透到这个国家的每一个角落。茉莉娅认为无论是个人还是集体都不能沉浸于过去的美好，忽视当下存在的一些问题。她致力于拓宽俱乐部视野，不要被章程中的太多的禁令所限制！俱乐部章程强加了种种限制，但是委员会是不受限制的。那就成立一个委员会，由委员会出面去做俱乐部不能做的事。无数改革都发轫于公园街新英格兰妇女俱乐部那几间安静的房间。

茉莉娅是该俱乐部的第一任副主席，从1871年到1910年她去世，除去两个短暂的时间外，她一直是俱乐部的主席。在她参加的众多协会当中，新英格兰女子俱乐部是她最牵挂的一个。"我亲爱的俱乐部！"没有其他组织能让她的声音这般温柔清脆。她从不忍心错过任何一场会议。每个月的茶话会都给她带来很多快乐。日记中有很多关于俱乐部的描述："一个很好的会议"、"一场深思熟虑的重要会议"是常用的描述语。"为什么？"她曾哭喊道，"我们人类活了上千年，却从来没有想到这一点呢！"

起初，社会对妇女运动持怀疑态度。什么？女子俱乐部？她们会把妇女带离家庭，而家才是她们的领地！令人震惊！此外，这可能会让她们意志坚定！可怕！（但茱莉娅说："我宁愿意志坚定，胜过软弱无力！"）

据说她有应景选词的天赋。这种才干也时常表现在俱乐部工作中，特别是在应对突发烫山芋式的问题时。还记得有一天，一位狂热的女士激动地出言声讨，有些母亲和祖母也被煽动起来变得同样激动。主持人出面救场。

"亲爱的豪夫人，我相信你从来不会让巴掌落在孩子身上！"

"哦，是的，"亲爱的豪太太说，"当我认为他们需要时，我会给他们上巴掌！"

甚至"交战"会被她轻松化解。某天，就某个话题俱乐部成员们争得剑拔弩张，如她所述，眼睛开始冒凶光，声音也到了"极限边缘"，她再次救场。

"豪夫人,你能想象,在任何情况下——"

她灰色的眼睛一亮,说道:"嗯!我已一把年纪,我想我能掌控好那把女巫的扫帚!"

紧张的情绪在笑声中化解了,姐妹还是姐妹。

在《回忆录》中,她讲述了她是如何参加首次会议的,在会上,她对所提议的措施勉强表示同意,她补充道:

"正是从这细微处起步,逐渐形成了新英格兰女子俱乐部的发展计划,这个极具生命力的全国性协会,我相信注定要存活多年,在我写下这些话时,这个协会已经度过了三十年的快乐时光。"

从此以后,俱乐部的活动最能吸引她。对成千上万的六七十岁的老年妇女而言,俱乐部就像是活动服务的新福音。她们养儿育女,又看着子女飞离;而且,她们经历过战争,心系战场,手忙着穿针引线。她们活跃于本国各类委员会或各项公务,学会了和男性一起共事,在这样的工作中找到乐趣,友谊及灵感。她们怎么可能退回到19世纪50年代那种绕着灶台过日子的生活呢?似乎是一个来自天堂的答案回答了她们的问题:去妇女俱乐部吧,那里可以提供自我提升和公共服务的机会。

1892年妇女俱乐部联合总会成立,茱莉娅在董事会任职四年,后来当选为名誉副会长。1893年至1898年,她还担任了马萨诸塞州州议会联合会主席,后来担任名誉主席。

她在费城召开的两年一次的妇女俱乐部联盟总会的会议上说："俱乐部给了我什么？它帮我了解自己的性别，相信自己性格和智慧的成长。像其他许多人一样，我看到了社会中种种残酷的罪恶和让人恼怒的各种问题，但是我不知道隐藏自己也是保存后备力量，可以在纠正错误，解决矛盾时给予宝贵的后援。在妇女俱乐部，我发现同情心的巨大力量能激发出妇女天性中蕴含的各种能量。为了防范危险，我们必须尽最大的努力捍卫并践行首次把我们团结起来的崇高目标，不要让这目标沦为单纯的派别口号，像东方反对西方，北方反对南方的口号，我们都是同一个国家的公民，相聚相亲相爱，共同建设同一个国家。"

1868年，英格兰妇女选举权协会成立，她当选第一任主席。她所担任的这一职务中间有间断。回想起那些为妇女争取选举权先驱者们那持之以恒的工作，我们现在是该为她们点赞。她们没有钱，没有声望，为事业奉献着自己。她们的努力与今天那些组织完备，资金充足的活动相比，就如同茅草屋和圣彼得大教堂相比，然而就在安静的顶楼房间里能听到五旬节圣灵们的声音。

她常常说："我很高兴加入了妇女选举权协会，因为它带我进入一个有高度的组织。"

她全力以赴完成新任务，日夜为它辛劳，不计付出。

"哦，亲爱的豪太太，你这么有灵感！"一个女人叫喊道，"灵感居然帮你做成这么多事！"

亲爱的豪夫人说:"灵感!灵感意味着汗水!"

她谈到早期的妇女选举权工作:

"我在这个新协会中获得的安慰是,它让我从一种孤立和怪僻感中解脱出来。多年以来,我一直不得不为我内心的信念辩护。时而不时,我就得这样做,为的是得到男男女女的理解与谅解,而那帮男女的观点,我都很清楚。现在我发现了这个活动领域,这种表达方式不再显得独特或古怪,在这种情况下,只是简单自然,不可避免的表述方式。"

1869年11月24日,来自二十一个州的代表聚集在克利夫兰,成立了"美国妇女选举权协会"。几个月前,已有一个"全国妇女选举权协会"成立,新成立的"美国妇女选举权协会"在某些政策方面与其他协会不同,特别表现为:新协会中,男性和女性都可以担任领导。希金森上校曾担任过主席,亨利·沃德·比彻尔,主教吉尔伯特·哈文,达德利·福尔克在不同时间段也担任过主席一职。新英格兰女子俱乐部也接受男性会员:茱莉娅认为这一点很重要。在她看来,贵格会组织方式最好,先是男女双方分别举行会议,然后男女汇合举行会议。她一直坚持男女互动才能达到最佳效果。

她经常说:"两性互相监督"。她始终认为在私人空间及公众事务方面男女联合行动极为重要。她本质上是一位人道主义者,与女权主义者有所不同。

1889年夏天，女性选举权也有了点眉目，她在日记中写道："我誊写了会议倡议书，在即将举行的妇女选举权会谈中，我将邀请女性着手女性历史及未来命运研究。懒惰和无知给社会带来巨大危险。女性老式的生活状态在很大程度上助长了这种无知和懒惰，丝毫没有消减这些邪恶。刻意使妇女处于无知状态，自甘受辱，方便他人奴役，懒惰的主要原因是缺乏独立行事的能力……"

"美国妇女选举权协会"和"全国妇女选举权协会"没有合并之前，她已在该机构工作二十一年，起初担任外交秘书，之后担任主席及其他一些职务。1890年，两个协会合并，成立了"美国妇女选举权协会"，她一直担任副主席。从一开始，她就被认为是一位非常卓越的领导者。多年哲学研究使她思想活跃敏锐，应变能力超强，语言学习助她出口成章，妙语连珠。多年的歌唱实践使她的声音铿锵有力、悦耳动听、极富穿透力。最重要的是，她是一位天生的演说家，演讲对她来说是一种享受。

茱莉娅终其一生心系妇女选举权，1906年，她已八十七岁，不顾严寒及儿女的阻挠，执意去巴尔的摩参加妇女选举权大会。

"1906年2月4日。还没有想好要在巴尔的摩说些什么，但今天早上灵感造访了我。刚刚写完发言稿。女性因教育不公平及人为的各种限制使得她们弱于男性，如同受过培训教育，能自由行事的文雅男性要强于没有受过文明教化的野蛮人一样……"

这是她最后一次参加此类会议。扁桃体炎当时在城中肆虐，会场大厅吹着穿堂风，一次会上，一位感冒严重的陌生女人，热情地吻了她，就这样传染了感冒，病倒了好几天，身体虚弱到无法乘车返家。女儿弗洛伦斯陪着她，徒劳无益地和她争辩。"我要回去，"她说，"哪怕等在家门口的是灵车！"回来之后，大病一场。一个多月后，她的体力精力才开始慢慢恢复。

1871年11月，茱莉娅召集了一场年轻女性会议，大家齐心协力成立了"波士顿周六清晨俱乐部"。这个组织充满着朝气与活力，以文学活动为主。历经两代人，其影响力不减当年，俱乐部的名字让人回想起百余场美好有趣的活动。

"妇女进步协会"成立于1873年，定于当年秋天在纽约召开大会。利弗莫尔夫人担任主席，茱莉娅在一个小组委员会任职，负责挑选第一届年度大会的主题和发言人。

该协会以改善所有家庭和社会关系为目标，探讨提高女性智力，道德和身体素质的实用方法。

在第一次大会上茱莉娅说：

"女性该如何推动社会进步呢？我们必须在某种可言传的宗教式的精神引领下团结起来。女性在决定设立她们支持的组织时，还必须拥有宽容的心态，这种心态是个体综合智慧的表现。协会应具有真正意义的广泛代表性，共同审议，相互启发，追求所有人获益，而不是个体的成功。这些要点是我们的共识，全体受益是每个人的目标。努力工作、笃定信念及无私奉献是必要的，我们目标一致，忠实践行目标要比追求会员人数重要得多。"

该协会由一百零九名妇女组成：一年后发展到三百人。第二次代表大会在芝加哥举行，"出席会议的人数从第一次大会起就相当可观，这些参会代表受人尊重，下午、晚上，会场都挤满了人。"

1874年10月16日，会议第二天，主题是犯罪与改革。茱莉娅在日记这样说：

"艾伦·米切尔夫人关于女性堕落的论述始终是一流的，她之后，我紧接着发言，说我们必须把这场战争带入非洲并改造那些男人……"

妇女进步协会是一个先锋社团，二十五年中做了重要的工作。大部分时间里，茱莉娅担任主席一职。她从未错过（除去欧洲游行之外）任何一次年度代表大会，或者任何一次重要的年中会议（仅限工作人员）。她以一成不变的满腔热血为协会工作。当旧秩序转变，吐故纳新之际，她深感痛心难舍，妇女进步协会并入俱乐部总联合会，一个相似却规模更大、覆盖面更广的社团。

俱乐部总联合会中许多都可算作是妇女进步协会的孩子。妇女进步协会最大贡献是在全国建立女子俱乐部。无论去哪里参加会议，会议主办方领导都把她们称作周到的女邻居，并帮她们规划地方协会的学习及工作。

茱莉娅有"俱乐部女王"的美名,哪怕在旅途中,只要时机成熟,她也会组织成立协会。

"1877年11月27日。打包行李准备今晚离开巴黎前往都灵。日记中的空白页并不代表我无事可做,闲散度日。一直很忙……至少写了五篇新闻稿,还有一些信件。今天早晨在一家商店橱窗前,浪费了很多时光,想要那些我买不起的愚蠢玩意,尤其是钻石,我的生活不需要这些。这次巴黎之行远比我空荡荡的日记本所描述的内容更加丰富多彩。见到很多热情真挚的男男女女,创建了'美国女学生英语俱乐部',对此深表感谢!再见了,亲爱的巴黎,愿上帝保佑你!"

她在《回忆录》中提到了这个俱乐部。"我发现巴黎许多年轻女性,学艺术及医学的学生,她们似乎过着与世隔绝的生活,彼此间很少或根本没有联系,为这些年轻人搭建社交协会的愿望在我脑海中挥之不去,邀请了一些学生来我住处。几次讨论后,我们成立了一个小俱乐部,有人告诉我,这个俱乐部依然还活跃着……(如果我们没有搞错的话,这粒小小的芥末种子,随着时间的流逝,已长成了'美国女孩俱乐部'这棵参天大树)在巴黎时,几次受约发表演讲,用法语演讲,没用讲稿……离开巴黎前,受邀参加了妇女权益大会,会上大家一致认为有必要借此机会选出两位主席,我当选了,甚是荣幸。"

1885年,她被任命为新奥尔良博览会妇女项目部主任,负责筹备妇女部展厅,借此展示美国妇女风采。她南下来到了新奥尔良,在筹备展览会的半年时间里,每根神经都紧绷,每份天资都受到了锻炼。为了解决资金短缺的困境,她安排了一系列的活动,通过演讲会、举办音乐会来募集捐款。尽管有操不完的心,这段时光却非常充实,虽不是满杯的蜂蜜,但生命之杯饱满得外溢。其中最艰巨的一项任务就是安排二十四场"十二点访谈",从二月中旬开始,每个星期六播出,一直持续到博览会结束。为了这档节目她有多拼,陪伴她的女儿记忆犹新。访谈话题涉及面很广:贝德福德·皮姆船长谈论北极探索;查尔斯·达德利·华纳讲述了埃尔迈少年劳教所的故事;日本专员谈到日本文学中的女性作品,节目大受欢迎。仿佛这些还不够,她一定要在新奥尔良的年轻人中成立一个文学协会。她把协会命名为"潘神",会员中有几个人的名字自此在文学界广为人知。格雷斯·金,伊丽莎白·比斯特兰和其他人会记得那些晚上,年轻人明亮的眼睛放着光,回应着文学女前辈的号召。

1879年,茱莉娅创建了"纽波特小镇田园俱乐部"。"这是一个独一无二、妙趣横生、嬉笑戏谑的夏天。我觉得有必要坚持更高的社会理想,不能埋没真正的文化,即使在夏季的海滨浴场。"

她依据"俱乐部委员会朋友"的专业特长规划课程,知名人士讲授天文学,植物学,自然历史等课程。他们会考虑听众的理解力,以他们能够理解的方式讲授。威尔·米切尔向听众讲述各类毒蛇;约翰·拉·法吉讲述南海群岛;亚历山大·阿加西讲述深海及巴拿马运河如何清淤;而马克·吐温和汉斯·布雷特曼则以各自独特的方式带来欢乐。

"小镇田园俱乐部"历经时间的考验,给茱莉娅带来无数快乐。无论夏天手头工作多么繁重,一到纽波特,她就召集委员会,计划季度聚会。她为这个俱乐部创作了《麦克白客厅》,这是一场有趣的表演,展现了整个麦克白家族的故事。在开场白中她说:

"正如人们常说的,女人是阳光下一切危害的根源,我在这里想说我就是她,那个女人,代表着麦克白家族的女性命运。"

小镇田园俱乐部会员感觉跟不上茱莉娅前进的步伐。她继续向前冲,但会员们往后拽,她也感到了岁月在她身上的痕迹,精力不如以往。于是解散了俱乐部,将光荣挣得的一千美元捐给了纽波特最古老的慈善机构——红木图书馆。

"文书斋"接替了"小镇田园俱乐部",这是个仅限女士参加的俱乐部,会员们志趣相投。"小说文稿"互换说明了该俱乐部名字寓意及其存在的理由。会员需要描述上次会议后带回家的书。主席要求:"你得向我们描述你正在读什么小说。"还要按照聚会的气氛或者作品人物性格写一个读书报告,可严肃,可搞笑。特意编制了一套批评意见缩写表,并列出了词汇表,例如:

M. A. S.——有逗乐潜质

P. B.——粗制滥造

F. W. B.——扔进废纸篓

U. I.——提升影响力

W. D.——令人愉悦

U. T.——纯属垃圾

工作人员包括术语采编员、惩罚员、秘书（通讯秘书、记录秘书）以及档案员。惩罚员的职责是制定惩罚违规者的具体方案，档案员负责保管所有档案。俱乐部早期，大家合伙写了一本小说，每个会员写一章。这部小说依然保存着，新会员入会的第一步是阅读该手稿。小镇田园俱乐部展现出的"诙谐幽默"就是"文书斋"的精神实质。一位朋友将它说成"豪夫人的杂耍"。逗趣是她的拿手好戏。她从未感到大脑劳累过度，或神经疲惫不堪。感到工作劳累时，她便娱乐放松。嬉戏逗趣和工作、祷告一路相伴，互为调剂。正是这种超强的调节能力让她能稳健地工作到生命尽头。去世前六天，她依然像往常一样出门去"文书斋"主持会议。这个俱乐部依然活跃着，如同新英格兰妇女俱乐部一样，她的精神依然在这两个俱乐部中传承。

1891年，另一个让她兴趣十足的社团——"妇女休闲旅游协会"诞生了，社团的目标"就是帮助需要到国外旅行的女性，使她们的行程更轻松容易。"

事实证明,"250美元就足以满足一位女性在欧洲享受简单的夏日假期",协会设立了旅行基金,妇女可以从中借款,某些情况下还可以获得礼物,协会出版了旅游指南等等。

"妇女休闲旅游协会"就是以这种不起眼的方式一如既往地做了很多好事。直到临终,茱莉娅一直担任该协会主席。此后,主席一职一直空缺,协会以这种默默的、暖暖的方式来表达对茱莉娅的怀念和崇敬。

1899年11月,"波士顿作家俱乐部"诞生,茱莉娅从中获得诸多乐趣。海伦温斯洛小姐首先有成立这样一个俱乐部的想法,与梅·奥尔登·沃德和美宝·卢米斯·托德女士交谈后, 在她们的敦促下,着手实施项目,温斯洛小姐拜访了"俱乐部女王",茱莉娅鼓励说:"加油干!召集几个人来我家,我们成立俱乐部,这将会是一个非常棒的俱乐部。"

茱莉娅11月23日的日记里写道:

"海伦·温斯洛捎来消息,告知明天上午在我家召开文学爱好者会议。"

会议"非常愉快:沃德夫人,温斯洛小姐,雅各布·施特劳斯和希泽家·巴特沃斯参加了会议,后来赫伯·特沃德也来了。"

投票决定成立"波士顿作家俱乐部",十二月召开的第二次会议上正式设立了俱乐部组织框架。

一月份,作家俱乐部首次在公众场合露面,在旺多姆酒店举行了会议和晚宴，由豪夫人主持，她身边坐着希金森上校（她称他为"首席副官"）。

茱莉娅与该俱乐部联系紧密，每月一次的例会及每年的宴会都是她钟爱之事。她时刻准备着创作"押韵诗行"，时常祈求能获得戴着帽子，系着铃铛的缪斯女神的眷顾，例如，为纪念乔叟逝世五百周年而写的诗句：

举世无双田园歌手，

诗人乔叟，有个妹妹。

她并非不写诗，并非如此，

兄长乔叟栽培她。

饱沐诗人王冠荣耀，

子子孙孙，生生不息。

先祖美誉，世代相传，

历经流年，人才辈出。

温特沃斯家族之大名，

值得广而告之；

希金森家族之美名，

同样值得称赞。

乔叟堪称骑士之前辈，
我著诗文赞其才华，
燃烧的诗节涌出灵魂，
犹如美酒溢出酒樽。

我颂扬他的贡献，
传承桂冠诗人之精神，
即便他端坐眼前目光闪烁，
我亦可告诉你他所想所思。

无论垂垂老妪，或花季少女，
这个女人永远不会缄口不语！
五十年前波士顿求学，
现在依然为诗韵痴魔。

时而插科打诨，时而一本正经，
我们相聚总会尽力尽兴。
不怕战地空旷，
我进能攻，退能屈，
亦能孤身战强敌，
唯愿天佑友人无恙。

她和她的"首席副官"总是能制造些欢乐，俩人燧石碰钢铁，笑声便是电火石光。

"……参加大学俱乐部，主持文学演练会，介绍发言人。我不知道该如何做，突然想到《鹅妈妈》中的一句'打开馅饼时，鸟儿开始歌唱'。所以当爱德华·埃弗里特·黑尔走向前来，介绍我是'大厅里最年轻的人时'，我说'女士们，先生们，我会引用《鹅妈妈》中的句子来证明我朋友刚刚说过的话是真的。我将要介绍的第一只鸟是爱德华·埃弗里特·黑尔牧师。'以这种方式开头，我把希金森比作是伟大的美国之鹰；罗伯特·格兰特法官为善鸣叫的嘲鸫；查尔斯·福伦·亚当斯为训练有素的德国金丝雀，会唱雅沃科布·斯特劳斯所有歌曲的查尔斯·戈登·埃姆斯说：'你不能说我说是只猫头鹰。'我领他走向前，说道：'亲爱的部长说我不能称他为猫头鹰，我不会听他说，因为只有猫头鹰是智慧之鸟，而他非常聪明。我称莫尔顿夫人为夜莺。'介绍特罗布里奇时，我不知该如何说，顺口说道：'这只鸟会为自己说话。'把多尔称作：'罕见的鸟，凤凰'。结束时黑尔说：'你主持介绍能力令人钦佩。'这种小顽皮让我乐颠颠。"

1905年作家俱乐部以威尔士的艺术节为例，欢庆茱莉娅八十六岁的生日，"这个国家的每个吟游诗人都向她的首领献上四行诗句，就像一种四叶草。"共计收到了六十首四行绝句，她称之为令人惊叹的问候。希金森上校饱含深情地大声朗读了许多

诗词,而寿星女王前一天匆匆忙忙赶写了一首韵文。以下是一些诗的节选,附有她的答复:

王国漫游的威尔士吟游诗人

每年都以四节诗行向首领致敬

看,我们在此相聚,人人手握一首诗

为同伴的四叶草喝彩。

——托马斯·温特沃斯·希金森

单凭诗句中蕴藏的箴言,

人类如果可以改变宇宙,

我允许,人类捣毁偶像,

但谁能破坏得了豪夫人?

——罗伯特·格兰特

时间这位老父啊,会耍些花招,

当他宣告我们主席八十六岁了。

八十多岁的人,谁能看得出来?

我亲爱的茱莉娅·沃德夫人,时光何其快啊!

——查尔斯·福伦·亚当斯

你就是春天，

青春快乐缠绕着你。

愿爱能给醉人的你，

我们心中的女王，

长长久久的生命。

　　　　　　　——路易丝·钱德勒·穆尔顿

以下为茱莉娅的回复：

为什么,祝福我,我一无是处,籍籍无名,荷包干瘪,

倘若查看通讯录,你会发现这样的人成千万,

我土路上步行,呼吸着空气,

我桌前学习,椅上反思。

我能区分开混杂的拉丁文和希腊文,

我会说法语,懂德语,

我既能扩写,又会缩写,知道二乘二等于四,

除了这些无趣的计数及事实外我不记得更多。

我曾经写过一本精彩的书,还编过一部剧,

看过剧的朋友说她即刻昏厥了。

我曾兴奋地思索宇宙，

听过我演讲的人发现自己即没变好，也没变坏。

是的，我过过很多生日，我已经很老了，

真相是他们为我做了那么多。

我爱夏天的阴凉，冬天的阳光，

我还在学习如何生活，我的智慧才刚刚起步。

不要为庆祝我的出生日而添麻烦，

请保持我们亲密友情，那比美酒还香醇。

让我们感谢慷慨之手将美好带到我们眼前，

感恩见证我们青春的时光及教会我们智慧的岁月。

"1905年5月27日。今天是我八十六岁的生日。我睡得很晚，昨天转瞬即逝……希腊人，大部分是工作人员，送我了一束超级精美的玫瑰花，缎带上写着希腊语献词。宾客络绎不绝，很多是还未被岁月夺命，历经风雨仍健在的好朋友，希金森弥足珍贵。我亲爱的家人们按照我的愿望，给儿童医院、查尔斯街监狱送去了鲜花。"

"1905年，10月25日。波士顿作家俱乐部会议……整个上午都在整理我的信件和文章……劳拉，莫德和我驾着马车去了剑桥。虽然一早上都在辛勤工作，但为了欢迎马克·吐温，我设法拼凑了一小段韵文，点燃一支蜡烛，借助烛光我分享我的韵文。随后马克·吐温跳到椅子上，讲笑话开玩笑，有些很有趣，有些则一般，聊了大概有四十五分钟。蜡烛照着他卷曲的头发，看着很温暖，我的韵文受到了大家的好评。"

亲切的马克款待客人，

英雄气概十足的笑话大师，

言谈笑语激活沉闷寓所，

众神笑声朗朗。

无趣的地球人，

听到了欢乐的号角，

我们开心相遇，痛苦别离，

但他或我们都不会融合成吐温。

1907年，茱莉娅八十八岁了，但她依然热心参加俱乐部的活动，以下内容节选自她1907年的日记：

"来到星期二俱乐部，费力地听着发言者们的演讲，吃力又疲倦。演讲主题"是否应在公立学校教授伦理学及如何教授伦理学",演讲主题还包括"英国教育法案"。苏格拉底被当作一个典范,我禁不住突然大声说:"我认为苏格拉底错了,他不应听任不公正的法律和盛行的迷信对其肆意伤害,一流的美国人会逃走,并且会与这些人抗争至死。我粗暴的插话激起了阵阵笑声,几个人私下告诉我听到我这么说他们很高兴。"

"写信感谢希金森告知我是美国艺术暨文学学会第一位女性会员……"

"1907年2月18日。在新英格兰女子俱乐部,我和希金森上校谈到了朗费罗,我从多年相识相知的角度来谈,他从文学的角度来谈。他说,我的想法是正确的,我们和他太近了,无法判断他作为诗人的价值,必须交给时间来检验。"

"1907年2月27日。晚上和犹太教的姐妹们一起庆祝朗费罗的百年诞辰,我誊抄了我首次发表在《作者阅读》上为朗费罗写的一首诗,希望有人能邀请我来朗读这首诗,事实是没人发出邀请。我没有理由假定不会被邀请。坐在前台的诗人朋友给我留了一个座位,我是所有人中最年长的。我总是很难控制住我的舌头,这次,我却做到了。我明白上帝已赐予我很多表达思想的机会,如果他收回了这次发言的机会,我相信这便是最佳选择。我坐在台上,这个让人着迷的圈子里,只有莎拉·茱厄特和我是女性。

她无法忍受"被遗弃"。的确,她很少被遗弃。在这方面,她也许是她时常自称的那个"波士顿被宠坏的老小孩"。

"我登上桑德斯剧院舞台时，观众们起立欢迎我。"

"1907年3月23日。'策马扬鞭疾驰'的一天……才发现作家俱乐部今天将在剑桥相聚，希金森打来电话，要求我谈谈奥尔德里奇。我恳请发言之后能允许我离开大学俱乐部，预定了下午四点半的马车，跳上车，恰巧赶上作家俱乐部的会议，与奥尔德里奇谈了我的看法……遇到一位研究非洲柏柏尔族的学者，交流甚是愉快。回到家中异常疲惫，晚上九点半便上床休息。在大学俱乐部我说给予该州女性选举权不会导致文盲选票翻一番，提议至少对马萨诸塞州开展一次两性文盲人口普查对比。"

在她看来，妇女组织直接推动了社会弊病根源探究的详尽研究，还将开出蕴含着希望的药方，没有希望，改革只不过是来来回回的机械运动。她着手写一些关于社会弊病分析的文章，写写从事该项工作，聪明而又有耐心的女性。开拓荒野是光荣之举，那么拓展人类道德之高地又何尝不是更加荣耀之举呢？装着该稿件的信封上写着："男男女女共同关心且携手共创理想新世界之我见"。稿件中写道，她看到"每个地方的男人女人就像勤劳的小蜜蜂，忙着洞察社会弊病，发现整个社会网络的弊端和漏洞，并采取补救措施。他们也在探寻最能抵消流弊，解除社会成员痛苦的举措。"

"1908年4月5日……听了新英格兰女子俱乐部的奥尔登·沃德关于'当前事件',尤其是关税改革的报告。建议成立一个小组从消费者的角度来研究该问题。要保护什么以及怎样保护?美国的商品在欧洲卖得比美国本地卖得还要便宜。布兰克告诉我这里制造出口的铅笔在德国和英格兰的售价绝对不可能出现在这里。我说真正的无底洞是人们对我们的公务员的恶意诽谤,特别是对那些忠诚廉洁人士的谩骂,对罗斯福和塔夫脱的诬蔑。沃德夫人读了一篇对一百多年前的某个公众人士的野蛮污蔑,他被控诉为暴政和非公正的怪物,他的名字叫乔治·华盛顿。"

九十岁生日的祝福从四面八方涌向她,在给她多年的朋友艾伦·米切尔夫人回信时,她说:"我很看重你的生日来信。信中流露出的真挚感情激发了我新灵感,九十年生命历程中,我获得了很多大众和个人给我的尊重和善意。这一切指向未来,我必须努力工作,以便配得上我的所得。我最大的心愿便是拾起妇女进步协会的工作,继续推进该工作。我希望我可以从我们一小群人正着手研究的经济学中找到办法……"

世界和平

1870年的普法战争给茱莉娅留下了深刻痛苦的印象。自1851年12月路易·拿破仑发动政变"刺痛了沉睡中的法国人"，从那时起，她对路易·拿破仑充满厌恶。但是她热爱法国和法国人民，法国彻底大败，法国人民痛苦不堪，饱受屈辱，她也满怀悲伤和愤慨。茱莉娅在《回忆录》中说："我思考这些问题时，战争还在继续，突然间我感到了这种竞赛的残酷性和不必要性。在我看来，战争让人类回到野蛮时代，然而问题可能不需要杀戮就能很容易解决。"这督促她继续思考："母亲们为什么不去阻挠这些事情发生，避免人命的糟蹋浪费，这些人命都是母亲孕育的，她们知道其中的代价。"茱莉娅以前从来没有想到这一点，母亲的威严及肩负的责任现在在她看来有了新的涵义，她能想到的最好的表达方式就是向全世界的女性发出倡议书，当即便提笔写道：

告世界女同胞倡议书

1870年9月，波士顿

在基督教的世界里，我们再次看到两个有影响力的伟大民族在相互厮杀中耗得筋疲力尽。

看到国际正义之神将问题再次交由军事武力做最后裁决。

进步如今天，光明如本世纪，依然允许野心勃勃的统治者牺牲国内人民利益，换取血腥战场的搏杀。男人们以前这样做。因此，他们将来还会这么做。但是，女性无须再扮演控诉方，用悲伤恐惧填满内心。尽管体力不济，母亲用神圣庄重的话语对儿子说，儿子的命是母亲受难换来的。现在应该听听这些话，以前所未有的方式给出回答。

今天，基督徒女同胞们站起来吧！所有有良知的女同胞们站起来！无论你是用水，还是用眼泪做洗礼！都要坚定地说："我们不会让不相干的机构来决定这一重大问题。我们的丈夫贪慕赞许掌声，浑身杀气腾腾，不会与我们同道。我们的儿子不应从我们身边夺走，忘记我们教给他们的慈善、怜悯和耐心。我们，一国之妇女，应温柔善待另一国之妇女，不能应允我们的儿子受训去伤害另一国妇女之子嗣。"饱受蹂躏的大地怀抱里，一个声音响起，我们的声音也附和着。这个声音说道："放下武器，放下武器！杀戮之剑不代表正义公正。"鲜血洗不掉耻辱，暴力带不来拥有。听到战争的召唤，男人们往往丢弃耕犁砧板，女同胞们，现在请把所有能留在家中的一切都丢在家里，来听听这个伟大诚挚的劝告日的劝诫。

首先，让她们以女人的身份相遇，为死者哀悼。然后，让她们郑重地相互劝导，让伟大的人类家庭能和平地生活，男人就像兄弟一样，各自承受上帝而非恺撒赋予各自的神圣使命。

我以女性和人类的名义诚恳地请求，尽早在最适当的地点召开妇女总代表大会，代表不受国籍限制，会议旨在促进不同民族联合，友好解决国际争端，为全人类的利益推动和平。

倡议书被翻译成法文，西班牙文，意大利文，德文和瑞典文，广为流传。

十月份，茱莉娅写信给美国和平协会主席阿隆·鲍威尔："这个问题实际上将所有女性联合起来。我认为，上帝给了这个词让我们来说，但是现在应该立即组织行动。亲爱的先生，您作为一个朋友和一位和平倡导者，一定对这个问题特别感兴趣，所以我略有底气向您讨教，希望您能帮助没有经验，不擅商业的我继续做这件好事，我希望避免在妇女选举过程中不同会议和组织可能引发的混乱，但我希望能参加各种会议，在这些会议上，我的倡议——妇女直接干预世界和平的议题可能会被讨论，最终推动总代表大会的召开。现在请帮帮我。我有手脚，却没有翅膀，只有一个声音。仅此而已。"

下一步就是召集那些对和平运动感兴趣的人士。1870年12月，宣布将于12月23日星期五在纽约二十六大街麦迪逊大道联盟大厅举行以"国际和平"为主题的世界妇女大会筹备会议。公告指出了大会的议题及讨论对象，由茱莉娅·沃德·豪，威廉·卡伦·科比和玛丽戴维斯签署。

这是一个重要的会议："卢克里克·莫特，奥克塔维乌斯·弗什汉姆和费城的和平先知阿尔弗雷德·洛夫在会上做了主题发言；约翰·斯图亚特·米尔，哈里特·比彻·斯托和威廉·霍华德·弗内斯写来贺信呼吁和平爱好者共同努力建立一个最高法院，解决来自不同国家之间的分歧。"

豪太太首先致辞，以下是引述的部分演讲内容：

"因此我再次向妇女同胞大声疾呼。这声音不光要穿透衣着肮脏破烂者之胸膛；也要穿透身着天鹅绒、羊绒者之胸膛。这是人性的呼唤：'帮助别人，就是帮助你自己。'

"请女同胞们记住此刻先知们的言语，化语为道，常驻人间。妇女的特殊事业就是传播这充满希望的使命，但愿妇女同胞们都能明了。

"忍耐和被动有时候是女性的专用语，也不总是。"我想起去拜访聪明迷人的妇女同胞，她们用雪白的手警告我，那双手不习惯于比打手势更重的劳动。她们说："别要求我去工作，我做不到，上帝培养了一批专做这种事的人，就像反奴隶制的人一样，他们动手去做这些事。"我想对这些朋友说："上帝也可以培养你，我希望他会的。

"至于一个人能做什么，不能做什么，请记住，我们的生活必须有工作，无论主动去做或被动去做。如果我们不从事真正的劳动，就必须做些模拟锻炼运动，如果我们没有真正的目标，就必须有一些奇特的幻想，使我们无法安坐于软垫椅上，带我们走出困境，引导我们感知上帝赐予我们的特殊天赋，体味我们以自我为中心的死水般僵硬的生活是否需要向外再拓展一步……

"假如我和你们中许多人一样年轻，假如我年少时，能应天使之邀，庄重坚定追随他，然而我没有这样做，掌声从另一个方向传来，世界引导我朝那个方向走，我错了。但在这次大会中，一个饱含着爱，富有意义的诚挚心愿诞生了。"茱莉娅渴望大声对世界各地的姐妹们说："不要再虚度光阴。如果女人不把生命浪费在无聊轻浮琐事中，男人就不会把生命浪费在厮杀之中，因为上帝派温柔的一方来约束另一方的暴力。"

纽约会议之后，波士顿又召开了一个会议。1871年春，爱好和平的朋友们在新英格兰女子俱乐部的房间里碰面，成立了女子国际和平协会美国分会，茱莉娅·沃德·豪任主席。召开了五次会议做完了上述事项，会议记录新奇有趣。

蒙威尔·康威先生强烈反对和平运动牵连上基督教，他的反对受到了重视。

"豪太太列举出倡议书以基督教名义发出的理由。她认为和平与宽恕是基督教教义中最基本的原则，这样说是恰当的，并不妨碍其他宗教的信徒认同这些信条，假如其他宗教也有同样的教义。"

康威先生的反对意见被否决了。

协会的宗旨是通过学习和文化促进和平。章程附件中的"通知"宣称："这个协会提议1872年夏天在伦敦举行世界妇女大会，诚挚邀请有合作意向的人士参会。"

1872年春天，她去了英国，希望能在伦敦召开一次和平大会。她也希望找到和"培养一批妇女和平使者。"茱莉娅新婚后和丈夫去欧洲度蜜月，她充分地感受过伦敦的欢乐与好客，目光所及之处，一片光明，夫妇俩受到所有人的热烈欢迎。那是1843年的图景。事实上，1872年的情况有所不同。

一位穿着朴素，神态娴静的中年妇女，安详稳重。年复一年的学习和思考在她脸上留下了皱纹，眼睛闪着欢乐、柔和的目光充满慈悲，明亮的双目透露出坚定刚毅，而几年前这双眼睛还写满叹息。这就是1872年来到伦敦的那个女人，独自一人，无依无助，站在确立秩序和范例的黑塔前，对奇尔德·罗兰说：

"我大胆无畏地将长角号放在嘴边，吹响号角。"

法国时常在她脑海中萦绕。

"巴黎公社士气昂扬，赢得了善良的人们的好评，无疑是对凡尔赛政府实质上代表的专制主义的一种反抗，无论公社在道义上比凡尔赛政府占有多少优势，但企图通过军事手段强迫推行其政治观点的行为就犯了民事罪。这就是我们南方所犯的罪行。我们反对这种罪行，如同至死捍卫自己的生命一样。我们没有公开的军事行动，能为给他们开战提供把柄。他们与我们不同，决心用暴力强迫我们。愚蠢无用的相互厮杀使巴黎破败不堪，我们能从其中获得什么教训？曾经和睦的兄弟之情如今离心离德！工业本该促进人类发展却看到哀鸿遍野，毒害家园！激情驱使下的妇女忘却了女性的传统和手艺，生命孕育者却变成死亡的催促者，到头来自食恶果！我们面前是多么可怕的一幅景象，愿从今以后，所有文明国家都能认识到，作为工具的战争，其价值永远无法和基督教社会相提并论。把人类兄弟情谊之事实教给摇篮中的宝贝，教给王座上的暴君。让它成为教育和立法的基石，成为团结所有人的纽带，无论贫富贵贱……

"强者应该包容弱者的软弱，现在是弱者忍受强者的无能。"

她收到邀请，去英格兰各地发表演讲：伯明翰、曼彻斯特、利兹、布里斯托尔、卡莱尔等地，反响热烈。在剑桥，她与西利教授交谈，他是位特别有同情心的人。所到之处，都受到饱学之士及新老朋友们的欢迎，无论他们是否支持她的追求。遗憾的是，英国之旅的希望并未能实现，她觉得付出努力收获了失望，但这次访问是值得的。她对世界和平大会感到失望，努力的方向转向了新的方面。她人为创建一个节日，一个称为"母亲节"的节日，旨在倡导和平理念。她选择六月的第二天欢庆"母亲节"，因为多年以来，她和朋友及追随者们虔诚地度过这一天，仪式甜美温馨，在她心里这一天有种无法言说的亲近。这一天，妇女儿童欢聚一堂,还会邀请大众参与,大家背诵演讲,一起为能促进和平的事物祈祷歌唱。

她听说除了自己国家外,其他国家也欢庆这一天,心里十分高兴。伦敦,日内瓦,君士坦丁堡及其他各个地方,也举行了庆祝活动,男女代表为和平祈祷高歌。

19世纪90年代初,土耳其人在亚美尼亚犯下种种暴行激怒了众多热爱和平的人。在波士顿,波士顿亚美尼亚救济委员会在法纳尔大厅召集会议(1894年11月26日),茱莉娅站在演讲台上,发自肺腑地呼吁。"这次会议,"她说,"我不能置身其外,我的心在这里,我来不是为了发言,而是想听听我们面对这场可怕的灾难能做什么,而且我们必须做些什么。我日夜向上帝祈祷,愿上帝能找到办法来阻止这场可怕的大屠杀……

"我回想起弗洛伦斯·南丁格尔在克里米亚战争中照顾病人和伤员时的首次行动。她发现要想缓解医院里士兵的疼痛,她需要很多东西,但是她却拿不到这些东西,她必须等签字或授权。'士兵们在受苦受疼,'弗洛伦斯·南丁格尔说,'破门而入,打开箱子,给我毯子和药品,我必须拿到它们!'她就这样做了。现在,西方国家正在等外交斡旋,为行动开辟道路。我认为我们美利坚合众国现在要扮演弗洛伦斯·南丁格尔的角色,表明我们的立场,坚持必须停止屠杀。哦! 让我们出钱,出人,让我们恪守我们秉承的人权和宗教自由的原则。我相信如果我们这样做,过去19

世纪以来引领世界的伟大精神将会在我们身后，在我们身边，将会不断地释放出更多的能量。让我们在那片遥远的土地上树起祝福的十字架，建立起十字架所代表的精神理念，让我们使这一理想成为可能，且万世长存。"

此后不久，成立了"亚美尼亚之友协会"，茱莉娅任主席。成员包括：威廉·劳埃德·加里森、亨利·布莱克威尔、她忠诚的女儿爱丽丝，还有古里西亚。自此，以个体，或者集体的方式，协会同仁在马萨诸塞州召开多次会议，鼓动人们拥护仁爱，反对残暴。"声援亚美尼亚"是这段时期茱莉娅的日记里常用的一个词。

茱莉娅在一次演讲中说：

"可能有人会问，我们在这里集会有什么用？我们少数人怎能敌过那遥不可及，又邪恶又残暴的强权呢？那些自私自利顽冥不化的欧洲债权国们，他们任由那信誉扫地的政府继续苟延残喘，妄想有朝一日能偿还拖欠他们的债务。这座古老大厅的墙体应该来回答这个问题，这些墙体见证过我们自己迎来自由的曙光，聆听过血气方刚的温德尔·菲利普斯首次愤怒请愿，他为一个没有朋友，被歧视的种族之解放而战。因此，在这个神圣的舞台上，我不再控诉土耳其政府的残暴行径。在这场较量中，我们又有什么呢？我们的武器便是文明之精神，基督教之信仰，人道之仁爱，所有这些都呼吁正义，都反对残暴战争。无助的男人，柔弱的妇女儿童都是战争的受害者。我们在这里祈求以人道精神的崇高力量对抗人类残存的暴力因子导致的狂暴本能。

"用纸帮助我们,用笔帮助我们,用崇高的心灵帮助我们!

"帮助我们,引领世界进步的诸多斗士!帮助我们,指出皇室是祸害,是荆棘之首!"

听到这些话后,当时的马萨诸塞州州长弗雷德里克·格林哈吉对她说:"啊!豪太太,你带给我们一篇散文式战斗檄文!"

"1895年12月28日……巴罗斯太太和我一起吃饭,私下交谈,关于亚美尼亚,我们聊了很多。我说:'如果我们两人去英国,会不会更好呢?'我只是半认真地说。她说:'如果你愿意去,我会和你一起去,当你的追随者。'这让我想起了英格兰之行,想起了1872年为了和平奔走英国的情形。然而,我已有很多预约,已被绑在这里,而且在我这个年纪,我的身体可能就像圣保罗说的那样'不中用了'。我必须尝试以其他的方式出力。

"亚美尼亚比以往任何时候都牵动我的心。恐怖的屠杀仍在继续,基督教世界对此无动于衷。哦!诅咒人类的自私!"

"1895年12月29日……今天,我决定更系统地为亚美尼亚人努力工作,想着我要写信给克拉拉·巴顿、参议员哈尔,还有亨利·萨默塞特夫人,斥责了基督教世界对土耳其人坐视不管的现象,借用狮心王和古代十字军打比方……"

写给女儿莫德的信

1896年4月18日，烽火街241号

……现在让我告诉你，免得你从其他途径道听途说，有人敦促我今年夏天去英国就亚美尼亚问题游说维多利亚女王。我想过这点，但对我来说，这个计划不切实际且无效。我依然非常关心亚美尼亚人和克里特岛人，但我认为我不能以刚才提到的那种方式行事。我很乐意为这些受迫害的人们做出巨大牺牲，但在任何情况下都必须遵守常识……

多年来，"亚美尼亚之友"积极奔走，做了很多善事，不仅致力于挽救生命，而且为成千上万孤苦无依的妇女和孤儿提供教育和帮助。在亚美尼亚修建了学校和医院，许多孩子被美国家庭收养，度过快乐的童年，长大成人。

差不多十年后，土耳其又一次新的暴行激起了"亚美尼亚之友"的愤慨，茱莉娅再次发声，大声疾呼抗议，她写信给罗斯福总统，恳求他从周边某个美国领事馆派人前去调查情况。总统同意了，这一行动阻止了迫在眉睫的屠杀。

1909年，新的迫害使该组织再次聚集起来。波士顿的亚美尼亚人回想起她之前给予的帮助，请求她写信给塔夫脱总统（美国）。她很快照做了。简而言之，与许多志同道合者一起奋斗的这份事业直到生命停息时她才放手。

呼吁世界和平也是她终生的事业。

"1904年10月5日……参加阿尔伯特·斯迈利主持的和平大会,精彩的一幕是一位印度教信徒前来为西藏喇嘛的信仰辩护,他说,'西藏人不是好战民族,他们沉醉于宗教冥想、祷告和精神生活。'他勇敢无畏地说东方宗教是迄今为止最古老的宗教,你们叫我们异教徒,但我们不叫你们异教徒,这个观点很好。最后他以自己信仰的宗教所特有方式给现场参会者送上祝福, 是种悦耳,带有音乐感的咏诵,在结尾处他反复重复的那个词是'和平'。关于和平说了太多了,我请求说说另一个词,谈谈正义,因为没有正义,就不会有和平……我说:'主席先生,亲爱的朋友,我们为和平事业聚集在一起,请允许我提醒大家,有一个词比和平更神圣,那就是正义。正义是人类较早形成的一个知识观念,引导人类向非正义宣战。追求正义是神圣的, 已扎根于人类胸中,任何阻碍人类追求正义的企图都是错误的。我希望,海牙法庭将铭记它神圣的承诺,维护正义。最聪明的智者,最高深的研究,都应该致力于促进这一目标实现。'希腊主教在前厅遇见我,他说:'我们一直在为你祈祷。'"

"1904年10月9日。我从来没有放弃严肃的思考和研究,但我没有像我应该做的那样,认真调动使用我所有的能力。和平大会在这方面给我留下了深刻的印象, 即人道慈悲主义拥趸者倘若能一如既往认真做事,他们必能取得巨大的成就。我希望能做出全新的奉献,能有机会真正服务社会,能继续发挥上帝赋予我的天分。"

"1907年4月8日。是否该参加在纽约举办的和平大会搅得我心神不宁,毕竟我答应要去的,但劳拉坚决反对,斯威瑟威特医生夫人宣称参加此次大会对我身体有害,她的断言使得反对的声音更加坚定。最终我写信问询亲爱部长的意见。"

"1907年4月9日……一场暴风雪将我留在了家中,部长和他的妻子回信说:不要去参加和平大会。收到查尔斯·戈登·埃姆斯的信,接受了他的意见,我决定不去了。给安娜·加兰·斯宾塞去信作了解释。虽感失望,但想到不去就不会让劳拉痛苦焦虑,也算是种安慰。劳拉得知我不去时,喜极而泣。"

茱莉娅虽未能亲自参加会议,但她致信给和平大会,二女儿弗洛伦斯在会场朗读了信。在信中,她回忆了1872年她的和平圣旅(即1872年她的伦敦之行)后说道:

"到处都有姐妹响应我的呼吁,但更多的人则说:'我们没有可称为我们自己的时间和钱财,我们无法旅行,无法聚会。'因此,我意欲召开的妇女和平大会如梦似幻般消散了,我在那世界大都市举办的最后一次会议并未取得任何重要成果。

"时间让这项事业有什么不同呢？就女性而言,新变化包括'女性有权接受高等教育',妇女联合行动之策略使得彼此后来更加熟悉。谁能说得清妇女联合行动对女性进步发挥了何等重要的作用呢?谁又能说得清多少人的勃勃雄心融入为国家、为世界服务的崇高理想之中呢?我曾视为幻影,曾为之疾呼的那支威武的娘子军现已成形。在更宽广的领域,全世界的伟大公民都团结起来致力于维护社会最高利益,有着同样抱负的女性充分发挥她们的才干为同一个目标而奋斗。啊,多么欣喜的变化!啊,多么辉煌的改变!在不到半个世纪的时间里,人类的道德良知大踏步地促进了人类事务的发展。女子大学和女子俱乐部的成果都可归功于女性道德水准的提高。这两个机构都曾遭到嘲笑和抨击,但不辱使命。

"此刻我仿佛是一位年长的法律顾问,我想对聚集在这里的女性说:'巩固所得,绝不退缩。而且,我们要借助新知识、新经验,继续向前。我们曾轻荡摇篮,我们曾安抚幼儿安然入眠,在这个大觉醒的时代,让我们坚定不移地推进世界和平!'"

哲学隽语

尽管茱莉娅精通多种语言,博览群书,但对所读之书她会精挑细选,并督促他人也这样做。1890年她提醒说:"生命太短,兴趣太广,没有太多的时间允许我们去读无用之书。少数精选的书,真正伟大的哲学家、诗人、评论家和历史学家的著作,会回报你的认真品读。值得细读之书需要你专心致志、心神投入地慢呃，绝非浅尝辄止的随意翻阅。不要回避新书或有争议的书，阅读过程中，要避免先入为主的偏见。现代怀疑论者赫伯特·斯宾塞、查尔斯·达尔文以及托马斯·赫胥黎的著作应从柏拉图和康德的视角来读。"

学习也是她一生的伴侣，哲学一直与她携手同行。二十岁时，她就歌德和席勒的美国新版著作发表了评论文章。她热切地读斯宾诺莎、费希特、黑格尔、谢林等人的著作，在康德那里找到了共鸣，他是先知，是知己。她深爱德国伟大哲学家、作家、作曲家。她明白她从德国诗人、哲学家和音乐家身上学到很多。歌德是她灵感创作的最早源泉，贝多芬像一位伟大的朋友，康德引导她度过那些痛苦岁月，当她的脚在谷底石丛中血流不止时，是他牵着她的手，带她来到高处。她并不满足于只是接受信息，她必须得输出信息，她本性就是外散型的。她希望构建起自己的哲学体系。

1863年9月，她写信给妹妹路易莎："我的道德伦理学现在是家人的笑柄，弗洛伦斯或者任何想要得到帮助的孩子都会说：'这符合道德吗，妈妈？'实际上，我生命中的大多数时间都在这个轨道上运行。我只希望我写的东西能对别人有所帮助，究竟能有多大帮助，我自己无法衡量。"

不过，她也打趣哲学家，参见她发表在《论坛报》的一封信：

　　我们偶尔喜欢来一个彻底的切割，把自己与周围的环境区分开来。否则，相互混为一体，无法从中抽离。是我拥有这四面墙，还是这墙体占有我，囚我于此，供其取乐，或给予保护呢？是我想要这些书，还是作者之幽灵抓住了在书架边徘徊的我？我只是偶然被选中，幽灵们坚持要把他们满瓶的智慧灌进我那不情愿的脑袋。我曾读过费希特《我和非我》的诡异论述，文中列出很多理由证实为什么我不能成为洗脸台，洗脸台也不会成为我，读了一会之后，我才开始怀疑这个事实。如果我继续阅读，我想我将无法把我和家具区分开来。允许我在这里妄论几句，德国形而上学对此技能颇为娴熟，很多人别无他技，只热衷于无关痛痒地任由大脑中的电流恣意流淌。电流既不能驱动电锤敲击，也无法驱动轮子转动。费希特断定他不是洗脸台，因为他能抽烟、喝酒，能外出会见某个把他视为圈内人的哲学家朋友。正如德国人所言，这位哲学家朋友认为在其他事物中他可能就是那样。祖国遭遇魔鬼需要强健的双手，清晰务实的大脑，破除压迫，助推百年进步。费希特说："我不是洗脸台。"黑格尔说："我就是一切。"祖国，照顾好自己。然而谁又能说认清强加在我们身上的虚伪假象，了解我们真实的自己不是十分重要的呢？谁又能说把我们无端臆测的幻想和生活真实存在的现象区分开来不是十分重要的呢？

1864年的日记是个四开本，每天都写满了一整页。也有很多空白页，但是这本日记要比以前的日记丰富得多。

"1864年1月15日。整个下午都忙着写《论哲学与宗教的区别》一文，深感疲倦，左侧后背有刺痛感。"茱莉娅从那时起开始给聚集在13号栗子街客厅里的某些朋友朗读她的哲学文章。某次活动后，她说："罗杰斯教授就我对对立定义的界定及首段陈述，提出了尖锐的批评（并未发火），我很受打击，但一定会从好的方面给予理解。有着良好教养的狗即便耳朵被拧起，也不会嚎叫。忍耐是对教养的检测……"

"1864年5月27日。今天是我四十五岁的生日。年初便遭受难以承受之痛，但我认为今年是我一生中最宝贵的一年。小山姆离世几乎击垮了我，很快我就发现躲避所遭痛苦的唯一途径就是加大工作。他离世时，我已完成《变形记》的三分之二。只要有可能，我就写尚未动笔有关亲情方面的内容。在纽波特，我写了一篇关于《如何不说教》的介绍性讲稿，写了《性格二元论》，写了首篇有关宗教的讲稿。从纽波特回来后，我写了第二篇、第三篇关于宗教的文章。这之后，我开始写关于《对立》的长文，只是完成了部分内容，也打算写一篇《论局限》的文章，分三个层次来论述。在过去的十三个月里，我已经通读而且再读了斯宾诺莎的伦理学。他对于思想和动机论述的谋篇布局之方法对我来说非常有用，我想在他论述之外，我可就其应用做进一步扩展并辅以实例说明。

"今天我得出结论,没有巨大的努力,宏伟的目标是无法呈现在眼前的。现在我至少已完成了伦理学和物力论的一部分,我发觉自己主要思考如何能使作品有价值,较少考虑如何使作品于大众有益。然而,后者应是我的目标,将是我的目标。切弗对此并不过分干涉,我觉得应该公开讲演这些文章,正如它们就是为公众所写一样。目前我还没有决定如何做。"

1865年的日记比1864年的要完整得多,对事件的记录更加规律,能看到她不断探求、沉思及反思。康德对她的影响显而易见。词条变成了丰富的学习笔记,最后又变形为演讲稿或文章。

"早上学习时间接受来访是一种病,这病毁了这一天,根本无法弥补。我无法容忍自己懒散,也不愿交到这般懒散朋友。"

"人受内在力量推动,受外在环境制约,从内汲取启发,从外接受规范……人于己可能是虔诚的,但只有与他人相处时,才能彰显道德。"

"1865年1月23日。希望超越自己,而不是超过别人,这是合情合理的。但在这一点上,我们必须记住这样一条箴言:自然只是按部就班。所有真正的崛起,必须是渐进的、艰辛的。按照这个道理,未来的人会无意识地轻看今天的人。一切突如其来的高升都是幻想或虚假的。如果你在加冕之前,没有王者的心智,皇冠也不能让你成王。真正的国王,于某个地方挨饿或者隐匿,道理是一样的。因为假冒代表的真正价值存在于他处。在这世界，要学会取舍，取其有真正价值的，摒弃虚假之物。"

我们几乎没有考虑到我们使用的最简单方法中包含的深意：凡事需要大量艰苦卓绝的努力。"我爱你！"开启的是一张远景图，需要长期的付出和不懈的努力，否则就意味着："我爱自己，需要你。"

"一大早去玛丽·多尔处咨询有关字谜游戏事项。读了会康德，像往常一样写了点东西。下午试了试字谜游戏的剧服。今天是书写者通过一个场景来猜字谜：我以一位伟大作曲家的身份出场，杰里·雅培正在演奏我的《清唱剧》，这是一个滑稽剧。整个活动十分成功。"

茱莉娅在另一个这样的场合写道："非常疲倦，略感痛苦，我须远离这些无聊的活动，尽管它们也有益处。字谜游戏比其他一些社交娱乐要好，因为毕竟它们在娱乐之余，还有美感。比丑闻，暴食，或者狂热的跳舞要好得多。但艺术家和我还有更重要的事要做。"

1865年3月10日她写道："我现今待在书房的时间太长了，必须融入现实生活中去，多学点经验教训。"

这一年春天的日记主要记述了对康德著作的哲学思辨和评论，她发现康德的理论越来越清晰，越来越令人信服，时不时她也写些自己的感悟：

"用恶人之善面要胜于用善人之恶面。"

"合法权利是对自由的一种强制保障。"

"我觉得一个女人的整体道德责任因她无法听从超然良心的指引而降低。男人给的任何东西都无法代替这一点的缺失。听从良心召唤是人类灵魂神圣的权利。"

"我常常把我必须承担的道德压力卸下,绕着道德包袱蹦蹦跳跳。但现在有个声音告诉我,我要么扛到底,要么永远卸掉。"

"'我是上帝!'愚者这么说;'我看见了上帝!'智者这么说。因为有时你是你的至尊,你是你的上帝,自我崇拜是真正的无神论。"

"基督说他比亚伯拉罕还年长,我认为他用这一表述作为衡量价值的标准,他的思想又回到了原始的理想必要性上。他没有提及任何先于自己存在的个人生活。就他这个意义而言,基督也可以比我们还要年轻,因为他的教义仍然超出了我们大多数人的认知和赏读能力之外。"

"1965 年 8 月 23 日······人的权利和义务是不可分的。上帝有权利无义务,人有权利有义务,如果奴隶没有权利,他也没有义务······"

"1965 年 9 月 10 日······阅读了康德的《论国家权利》。根据他的观点,征服战争只有在天然状态下才是正当的,在和平状态下是不正当的(没有合约保障,很难实现和平。合约的必要性是最重要的,合约的义务是神圣的)所以拿破仑对欧洲共和国政权的讨伐是没有正当理由的,这也解释了他的帝国迅速衰落的原因,他所取得的战绩证实了他的天才和野心等主观因素的重要性,在扫除某些迷信障碍方面有很大的间接用途。他绘制出一幅大政府图景,构建起一种模式,自然规范了他的继任者们的行事方式,他之后的最高统帅丧失了神权及对权力的绝对控制。不足之处在于目标的正当性通过他多彩多姿的天才来展示。拿破仑家族的统治并不为大多数文明世界公民所容忍。乌龟最终超过了野兔,缓慢沉重前进的正义骑着它忠诚的老马,一定能,且终将会超过高速前行的勃勃野心……"

"1866年11月19日。决心用我的双手紧握庞大的哲学,去探索,去钻研,将哲学和生活融会贯通,竭尽全力有所作为……"

"用海德格尔的书来安慰自己,决心不再忧郁消沉……"

她开始阅读格罗特写的《柏拉图》,日记中有很多对柏拉图哲学的评论。

"1866年2月25日。和列伯一直骑马到了巴尔的摩。他年轻时听过黑格尔,他和我一样,都认为黑格尔在道义上和哲学上都明显地比康德逊色。"

这一时期日记的主要内容是有关康德,还有梅因的《古代法》,她随意引用书中内容,随手记下她的感触。

"伊比利亚人以斯多葛派为中心。"

"享乐主义相对禁欲主义如同外围对中心。"

"今年夏天工作任务繁重,《论坛报》索要稿件,康德和梅因不能不读,不久费希特的书目也加入到必读入列。"

1866年8月初,她来到北安普敦,在美国科学院大会上汇报《论坛报》的情况。丈夫和大女儿茱莉娅陪她一同前往。参加会议及撰写报告让她非常忙碌。

"读过几次我的拙作《论两点必需性》,决定今晚也读这篇。我也带着《限制》一文,这篇更有趣,更受欢迎。但在讨论科学的场合下,我会选择一个至少用科学模式分析问题的文章。《论两点必需性》这篇文章论了人类思想演进过程中,理想秩序和法理至上的显著特点。我努力把要点记在大脑中。到巴纳德家有点迟,科学家来得较晚,阿加西晚上九点才到。之后,我很快开始读我的文章,我们协会的女士们都来了,我热心自己文章和选题,但未能把这种热情传递给听众,除了皮尔斯,阿加西和戴维斯之外,其他人看起来疲惫不堪,是我写得不够好,还是读得不好呢?但愿某些人能带着思想的种子离开。"

"康德的《人类学》和其他的伟大著作相比,微不足道,之所以读是我想了解人类学是什么。"

"善良是方向,美德是习惯。"

"内部自控者和外部他控者之间的区别就如同带壳的爬行动物和脊椎动物之间的区别,一个是有内部脊椎支撑它,另一个是靠外在的壳来支撑它。"

"只有在自然界里，活狗才比死狮强，哪个人会说活着的贼要比死去的英雄强呢？没人会这么认为，除了小偷自己，但他评不了这个理。"

"我认为黑格尔学说的难度要大于其重要性，很多人认为研究的难度是衡量其重要性的一个参数。"

"当太阳在那里时，他就在我们身边，他的行为和学说的光辉渗透到我们的思想和意识的深处，但是他知道不可能肯定我们每个人，况且并非每个人都需要被肯定。"

"月亮看得见

所有小溪流

溪流只能看得见一个月亮

所以我们看见上帝，他是否能看见我们并不重要。"

"1866年11月18日。我认为无聊之人必定是懒散之人，哪怕过度劳累，心情也是畅快的。据我学习及经验所知，道德圆满很难达到。我认为每一个普通人都是信仰、情感和个性的综合体，并受其影响，个体必将看到现实生活中道德的力量，明白要在美好愿望及实现愿望的艰苦努力中去追寻幸福。"

两三天前她开始读费希特的《科学理论》。

"我开始怀疑费希特的方法对我来说是否可用,每一天都变得越来越沮丧。不含任何恶意,平心而论,在伦理学方面他比不上康德,对自我理性无尽的阐释让人更迷惑,并不能启迪心智。形而上学的研究若不添力,就会减力。差异很微妙,用某种方式能解开谜团,用另一种方式则导致混乱,康德解开了蚕丝网,费希特扰乱了蚕丝。至少在我看来如此。"

"1866年12月9日。像往常一样听詹姆斯·弗里曼·克拉克朗诵,'她已经做了她所能做的事',在我看来,那是一篇很好的文章。不受野心,虚荣和骄傲的影响——我们所有人总是受这些驱使,我觉得我必须做手边事,不受他人摆布,坦然接受任务,安然对待褒奖。"

"1866年12月29日……昨晚在俱乐部,读到一首诗《富人图书馆》,把物质财富和精神财富做了对比,对物质财富表示蔑视。我觉得我应该再读读这首诗,下定决心不再忽视内在精神激励,这使我们对某些行为的权威性不再怀疑,这些行为是为了我们的成就而呈现给我们的。然而,读了这首诗后,我怀疑自己是否理解得足够深入。但是,我希望这首诗多多少少会有用。有时我们竭尽全力想要做好某事,结果却不尽如人意,这会对我们产生严重的影响,让我们灰心泄气,不愿再做努力。我不应该这样。"

"伊姆斯先生说某某太太人很聪明却缺乏原创精神。茱莉娅打趣说:'她不是产丝者,是用丝人! 十个女人中有九个,宁愿成为后者，而不愿成为前者。'"

伊姆斯先生说他自己话多，很难保持沉默。她说："是的，先生，我们都知道惰性常出现在行动中。"

1867年她发表论文《美国思想家眼中的罗马问题》，最后一段给出了结论：

"给那些在花瓶旁留恋不舍的男男女女的一句忠告。你们受花香所诱，沦为它的囚徒。你追求的是一种虚假的优越感。傀儡王子不是真王子，而是傀儡；装腔作势的公爵并非真公爵；有名无实的伯爵也并非真伯爵。华服、珠宝、马车、庸俗的奢侈品；见到平头百姓露出不屑一顾的假笑；富贵圈里人相聚，时而热情，时而傲慢；志向日益浅薄，真正的衰败是日积月累形成的，不要幻想这些会真正地提升你。对于意大利人来说，这种生活很自然；对于英国人来说，这种生活并不光彩；对于美国人来说，这种生活简直是可耻。"

1867年茱莉娅携两个女儿陪同丈夫远赴希腊为克里克岛的难民送去募捐物资，5月26日她在日记中写道：

"我记得十六年前来到这里时，脑海一片混乱。现在看来送走了活力四射的青春，迎来了内心坚信的善良和幸福，这比单纯的青春年少更重要。以谋取个人幸福为至高目标，和以大众利益为崇高目标是相背而驰的。以大众利益为重的理想超越了满足个人贪欲的小格局。宗教给出的标准是追求幸福，所以让信仰宗教的人在追寻善的过程中感受幸福,即便我们不断失败,但在追寻过程中也在不断地更新成长。"

"失望应该在忍耐中消化,而不是在盛怒中喷涌。苦痛滋养心灵,其功效不亚于甜蜜对灵魂的滋养。想到了下面这句话:道德哲学始于接受人生真相。"

"看到美丽事物的能力,如同其他能力一样,须经锻炼方可持续。"

"公民自由是指:大众不享有公民自由,个体无法获得自由;或者某个个体没有公民自由但大多数人拥有的自由。国家的自由像其偿付能力一样关系影响到所有公民,等同于政治上的神圣平等权,等同于道德上的严格义务。专制统治下个体的美德并不会帮他们赢得公民自由,公民自由的唯一保障是人人皆有美德。"

"男人和女人走到一起很自然,共同生活是门艺术,过得好,更是高深的艺术。"

"那些婚姻中无法治愈的弊病并非如此,我们要怀着转恶为善的强大意志来应对,否则所有的善都会堕落为恶。"

再次,关于——"这个伟大的世界如何消耗殆尽一个人!不是单纯的衰老,毕竟衰老是个自然简单的过程,而是披上世俗的外衣,世俗貌似使人光鲜亮丽,实则是死气沉沉的眼睛,死气沉沉的笑容,(最糟糕的)死气沉沉的气息。"

"这个新座右铭便是我言行的指引：'我要奋斗。'不是野心膨胀，而是锤炼思想，完善目标。"

"罪孽深重的地方，慈悲也更深沉。"

"1985年6月15日。参加我的老朋友，大帮手，眼科医生威廉姆斯医生的葬礼，六个强壮的儿子抬着棺枢……我想：'很高兴我最终感悟到生命之战是一场面对邪恶倾向的无休止的斗争，邪恶主要是因为言行超出了合适的尺度，这是我们在自己身上发现的。奇怪的是，花了这么长的时间才找到答案。在我们真诚卖力奋战时，上帝便赏给我们这份胜利。至少我要把这份感悟与我认识的圣人分享。'"

"1985年7月28日。今天读了海奇先生写的《具有历史意义的基督教》一书的评论文章，他论述了天意注定人类的错误及谬见实为有用。中午躺下休息时，想到有情感真理和理智真理之分。在海奇博士看来，人类智力在其早期发展中所犯的那些不可避免的错误有助于真正情感的发展，然而，更高层级的发展一定是这两者的融合，这句话——'慈悲与真理彼此热吻'或许预示着这一发展趋势。这个想法也浮现在我面前：'哦！上帝，除了你之外，没有一个王国值得为之祷告。'"

1886年她为康科德哲学院写了一篇关于但丁和比阿特丽斯研究的论作。7月20日她来到康科德，她曾和大女儿茱莉娅来过这里。她说："一想起哲学院的会议，眼前就情不自禁地浮现出大女儿茱莉娅坐在会场专心致志聆听各位会员发言时脸上那副全神贯注的神情。"

虽然痛失爱女(大女儿已病逝)的陪伴,但是她发现哲学院会议内容十分有趣。轮到她发言时,她"比平时紧张多了",此次讲座"比她预计的要好得多,反响热烈"。

哲学学院的代表桑伯恩先生说:"茱莉娅的讲座最有吸引力,听众最多,时常也是最有思想见地的,特别是她儒雅的个人批判,有深度的哲学思辨,以及浸透着智慧的诙谐警句,给大家带来无限乐趣。"

哲学院的会议总是让茱莉娅感到高兴。为哲学院写的论文是她最有价值的一部分文章,的确,我们可以把这些文章看作是她在哲学领域辛勤耕耘所结出的硕果。

"1892年9月29日。海上航行。我心里默想:'没有任何东西,可以把我从穷困生活及错失机会的绝望中解救出来。'我所寻求的救赎一定是在你那里。纯粹病态的遗弃感:带不来任何转机的。我必须穿越绝望,加倍努力,挣脱消极的自责。'我生来多磨难!修正需在积极土壤里进行。'我写下这些话,看到海藻在阳光下闪闪发光,那光亮似乎就是我希望赢得的那束光。"

"1894年7月1日。尽管去城里教堂的路上我异常疲惫,但心里依然渴望能有种恒久的善念让我为之奋斗,为之活着。脑海中浮现出的最有力的念想是:我们在意我们的财富,我们的声誉,却不够在意生活。社会是由无数生活构成的，每个人在生活中找到适合她或他的位置，就像建筑工人把相互匹配的石头拼搭在一起一样。生命逝去，但我们的生活依然留存了下来，有益或有害于社会发展。后来我想就像垂下一根慈悲之绳或仁爱之链来拉我们脱离罪孽堕落之地，助我们逃离激情的牢狱。倘若我们能抓住解救之绳，获得拯救，我们又何尝不能帮助他人得以解救呢？这一刻，我想起要给囚徒作演讲的旧愿却从未完全实现。"

"1896年5月28日。我希望记录下我生日那天的闪念：对于个人而言，腰缠万贯不及性格完善；就国家而言，领土扩张，财富聚集不及道德提升。因此，国之损失没有比道德沦丧更甚者。"

"1899年11月9日。在盲人研究所庆祝亲爱的丈夫切弗的生日，我谈到了《新约》中关于芥菜籽的一句话，它很小，但能长成一棵巍峨的大树。我把这颗小小的种子比作切弗仁慈的胸怀，把研究所比作一棵大树。'什么东西比人心还小？什么东西比善念还脆弱？但是，善念再加一颗赤诚的心，就缔造了这座伟大的避难所，好几代人在这接受教育，成为有用之才，找到了自己的人生之路。'"

"螺旋渐进的模式拯救了我们。有时需要绕些弯路，但终归整体趋势是向上发展。'要有光！'说得铿锵有力，世人便记住了这句话，永远不会忘记。我们带着问题缓缓前行，历经不同时代的沉沉浮浮，人类不断进步。有些个体或许还保留着旧时的偏见，干着原始罪恶的勾当，但人类文明不可能再回到茹毛饮血的野蛮时代。"

"我说真理之力可烧毁经年累月积聚起的迷信，闪烁着坚定而澄澈的光芒，因此我们可以说神话坍塌，威严依旧。"

"1900年5月8日，明尼阿波利斯。大学地理位置优越，享有丰厚的捐赠。我在此讲学，受到优待。我想谈谈这一事实：人要花一生的时间去学习如何生活。对这个事实却思考甚少：愚蠢之人并非智商低下；相反，有些人甚至是天才，问题在于他们不会吸取经验教训……"

"1902年2月16日……哲学会议和格里格斯的演讲让我回想起三十五年前我的哲学研究和尝试，决心修改旧稿并以某种形式发表。今天早上思忖天才的馈赠，这种天才的炙热融合了青春的火热，融合了信念和想象力，赋予这个世界伟大的天才及不朽的杰作，天才无法超越人类生命限度，但诗歌可以永世流传。年岁渐长，哲学放缓，只能加固青年时期大胆飞行所占领的前哨，两者(指诗歌和哲学)皆神圣的，给我们带来幸福。"

"任何礼物都无法使那些智慧匮乏的人变得富有。"

"无论你做什么，永远不要牺牲质量换取数量，即使按照数量付费，质量并不纳入考核。"

"长久以来，身体各部件协调运转，自成一体。但为什么会有灵魂这个词？任何事物创立之初都没有预设存活期，它的期限似乎是'直到永远'。"

"无知之所以危险，是因为你的这种自负可能会导致你拒绝学习。"

"时不时遭受冷遇或许是件好事。"

"1902年7月5日……我给奥马哈市的高中生埃塞尔写了封信：'尽你所能接受教育，用所有可学之书培养好学敏思的好习惯。你目前的当务之急就是获得最好的教育。'我明白了这个道理，但却是从相反的一条路上悟到的，或者说在追求我至今尚未获得的智慧之路上，我忽视了最迫切的任务。"

"1903年11月8日……下午晚些时候，有种幻觉，躺下来休息，回答脑海中浮现的问题：

"问题：有什么事能超过两个恋人第一次互相理解的喜悦吗？

"答案：恋人互相理解自有它的神圣性及重要性，但更深层的喜悦是博爱，是拥抱人和神，上帝和人类的大爱。

"问题：救主和圣徒现在还活着吗？

"答案：如果你相信上帝是公正的，他们一定还活着，他们为他的真理献上了一切，他欠他们一个不朽。"

"1903年11月21日。亲爱的埃德娜·切尼的葬礼……她坚信灵魂不朽，我说：'不，那自带光芒的灵魂不会堕入黑暗，会升入更高的光明境界,那个我们耗费情爱灵性孜孜以求,渴望达到的境界。'"

1906年,八十七岁生日后,她写了一篇关于《如何保持年轻》的文章,她说:

"尽量与你那个时代的最佳精神道义保持同步,和那些能弘扬时代正能量,而不是消解正能量的人在一起。

"避免与那些亵渎神圣事物,良莠不分,美丑不辨的人为伍。

"请记住不良嗜好对性格的影响。

"永远不要忘记我们想要成为怎么样的人。

"时刻牢记,必须通过我们自己的努力,我们自己的进步,才能实现我们年轻时最美的理想。"

"1907年11月15日。又一次久坐冥想。哲学家为宗教做了什么?回想我从康德哲学中学到的东西,认为它主要教导人们认识自身知识的局限性,从而纠正对思想、信仰体系的种种假设,纠正对思想家、信仰者绝对权威的盲从。康德将良心称为'绝对命令',但这个词并不能很好地解释道德法的起源或权威。他通过以下方式来检验行为的正确性。如果该行为具有普遍性,它将影响社会福祉,可称为有用,但仅仅是实用而已,不同于威廉·詹姆斯的解读。德国理想主义是我们所有的感观及理智发展演化的理论基础,在我看来只是一种自我主义的野蛮扩张。毫无疑问,辩证法是一种思辨竞技,辩证思想有助于锻炼思辨能力,虽然思辨过程是有益的,但这种方式并不适合当作永久雄辩之术。突然想到,帮助地狱中的灵魂可能比在天堂同圣徒享受更幸福。"

"1908年11月3日。橡树谷。昨天今天,坐在家门前,沐浴着温暖的阳光,享受着亲爱女儿们贴心的关怀,无比舒心。"

坐在她所谓的林荫大道上,其实就是坐在房前的一片草地上,草地旁边就是道路,早晨日照充分。她身后的香柏树如同高大的屏风,坚果树金色的树冠在她头顶上方铺散开来,她一坐几个小时,饮啜着甜美的空气,对她而言,这空气是其他东西无法比拟的。

另一副相似的画面便是黄昏时分,她独自坐在长长的会客厅,眺望日落。泣血残阳映照着苍茫暮色,兀显出被遗忘的那座矮矮坟冢上的松树。很久以前,邻居长眠于此。小孩的墓地上长满了白色玫瑰,花束低垂,透着温情而忧郁的美。以上所有这一切都是她所喜爱的,三叶草和艾草的芬芳弥漫在空气中,蟋蟀的鸣叫如同计时器,声声入耳。她时常这样坐上一个小时,冥想,或默念贺拉斯的颂歌,或低语一些熟悉的赞美诗。贺拉斯是她一生中最亲密的朋友。他的许多颂歌,她烂熟于胸,且不断习得新颂歌。这些颂歌伴她度过了无数不眠之夜或倦怠时刻。孩子们散步回来后,会来这里找她,她那么安详,却也随时准备与孩子们一起哈哈大笑,一如既往地全身心投入,愉快地与孩子们相伴。她时不时地记录下有些冥想,这是其中片段:

"今天的思索给我莫大的安慰。生活中的偶发事件,在这一刻虽为重要,但转瞬即逝,尘世生活中亘古不变的神圣信仰历经岁月沧桑,代代相传,永不消亡。我的肉身会死去,对此我也安然待之。我用基督在麦田里播种稗草的寓言故事来解读这一自然现象。对个人而言,这些稗草是我们的自私和缺陷,是我们必须约束或压制的,但是我们又不能,也不必将这些稗草全部斩除,不仅是因为它们是值得保留的,而且也有助于我们身体保持活力。然而,把它们和崇高的精神生活相比,就如同将稗草和小麦相比。死亡之神收割季来临时,稗草将脱落死去,而小麦将聚集到上帝的谷仓里,对此我们要感到满心欢喜。"

"我不渴望成为极度狂热、脱离肉体的圣徒,因为我不想放弃我生而为人天性中的任何一种本性。我甚至珍惜那些我作为人的某些与生俱来的弱点。我就是个凡人、一个美国人,一个女人。塔尔苏斯市的保罗经历过一两次狂喜,但我确信他还是过着常人的生活,奋发有为,精力充沛。事实上,他展示给我们关于他所经受的考验及被迫害的细节或许能说明在多大程度上,作为一个普通人,他存活于人群中。虽然他曾经哭喊着要从肉体死亡中得到解脱,因为肉体的欲望和痛苦是他不竭工作的障碍。他从每天侍奉真理中得到片刻解脱,上帝收留他时,他终将永得解脱。"

"我的另一个感受。随着四季周而复始,我感受到了世界前进的稳健步伐。这个春天与上个春天不一样，今年不同于往年。宇宙并非机械轮回或单纯的动力驱使，而是源自于物质生活，又超越物质生活的精神道德的发展。如同因果链条般神秘，对此我们知晓一件事，即：我们不能改变事物的先后顺序。无论经历了什么变化或者发生了什么，我的父亲仍然是我的父亲，我的孩子依然是我的孩子。我们面前的路是开放的——我们身后的路已被坚固的建筑所封堵，是无法移动的。在这伟大的前进过程中，生活不是回溯到死亡，而是指向我们可以称之为不朽的其他生命形态。如果我向后退，我会瘫站在强大的宇宙规律的对立面。万物必然依然继续发展，如果我拒绝顺从潮流，自我隔绝于运动的万物之外，那我精神道德已亡。既然我无法抵抗，做我能做之事，注定我会像那失去生命的岩石和树木一样受无力抗衡洪流之裹挟，那么我是否应该放弃我为人的权力，摒弃自然天使给我的帮助呢？相反，让我用坚定的双手抓牢生命牵引之绳索，继续前进，追随曾路过这里，由王室首领率领的卓越之师。纵他们也有他们的弱点，伤痛及罪恶，但他们是上帝穹苍中的一颗明星，犹如火炬散发着神圣之光为犹豫迟疑的我们照亮路途，哎！哪怕照亮的只是诡秘且钟声寂静的一座桥。"

1910年2月，九十一岁的她写道：

"日常生活的一些规则：

"1.每天开始花几分钟冥想,类似于祈祷,以便感受自身体内的精神力量,便于应答实际生活问题。

"2.培养系统的职业能力,学会正确预估完成任何工作所需的时间。

"3.尽量让你的大脑和肌肉动起来,因为两者彼此互助,没有充分的锻炼,两者都会受到损害。

"4.请记住,自私是人天性中与生俱来的一部分,训练自己充分考虑他人利益和趣味的能力。

"5.能生而有用,应该满怀感激。

"6.弄清楚真正的用途是什么,遵循经得起时间考验的那些格言和方法,不因失去热情而失败。

"7.在交往过程中既不要过分疏远,又不要过分亲近,友好而非亲昵,不要招揽责任,但属于你的责任绝不拒绝。

"8.不要因思虑不全,应用不当,而歪曲真正的原则。

"9.道德高尚之举最终能确保取得伟大成功,并且应把它们视作义务而非权宜之计。

"10.不论你天资多高,把自己当作普通人,因为即使在某些方面你超出大众,但在另一方面,你或许不如常人。

"11.记住基督徒三位一体的美德:对原则充满信心,对上帝抱有希望,对人类要有仁爱之心。"

扶倾济弱

婚后，茱莉娅离开了熟悉的纽约，从那个亲朋相伴、音乐环绕、笑声朗朗、有滋有味的明艳小世界来到这个荒凉的慈善所。高耸的房子矗立在山脊上，风从四面袭来，房间顶棚很高，冰冷的大厅铺着艺术馆常用的灰白色的大理石，这里四分之三的居住者是盲人，剩下的四分之一则是照顾盲人的志愿者。

1831年豪医生回到美国，着手盲人教育。他一生从事多种工作，但教育盲人是最主要的一项。茱莉娅以人妻的身份来到慈善所，她的丈夫切弗既无心休闲娱乐，又不热衷社交，他虽心地善良，但性格霸道，循规守矩，所投身的盲人慈善事业，她也仅仅通过道听途说略有所知，丈夫全身心投入工作事业，难得有时间休闲娱乐。

她自己也说过："慈善的浪漫之处在于容易激发公众的兴趣。然琐碎的工作和无边责任让很多人望而止步，只有极少数能坚持不懈，具有博爱胸怀的人才能胜任这份工作。豪医生已摘得桂冠，收获成功，理应在这条布满荆棘、充满挑战、枯燥乏味却又非同寻常的慈善之路上继续前行。他必须建立自己的工作机制，教导训练自己的师资，他得率先掌握教学要点。他还得想办法使大众对他这个新兴的慈善机构饶有兴趣、怀有善意，同时争取在公认的慈善协会中享有一席之地。"

茱莉娅虽充满活力，意志如钢铁般坚强，但也如常人一样，对身体残障人士有种本能的抵触。起初，面对盲人及其他残障人士时，她得借助意志力去克服本性中的恐惧。这种天性的转变最明显的表现就是，后来她对盲人有一种发自内心的关爱。她相信盲人文化体现了人类的崇高精神，尽管盲人丧失了视觉，但是他们也是有价值有能力的。盲人慈善事业将盲人从单纯的负担变成于社会有用之人。医生去世后，这些盲人成了她所珍爱的朋友，她总嫌为他们做得还不够多，去帕金斯研究所探望他们，和学生们聊天，竭尽所能帮助他们，这种念想随着时间的流逝，一年比一年强烈。

医生丈夫对盲人的关爱深深影响了大女儿，大女婿。医生病故后，大女儿夫妇继承了父亲的衣钵，把毕生的精力奉献给了盲人事业。

大女儿临终时对她母亲和丈夫嘱咐："善待小盲童，因为他们也是上帝的孩子。"这些离别遗言刻在牙买加平原盲人幼儿园墙上。大女婿迈克尔·安纳格诺斯于1906年逝世。茱莉娅在日记中写道："他的逝世让我感到无比悲痛，对我和我的家人来说这是一个惨重的损失，对于盲人学校而言这个损失无法弥补，他将他的一生无私地奉献给了盲人学校，在他的不断努力下，新建了三座盲人幼儿园。上帝让他的灵魂安息吧！我祈祷，我能将女婿逝世带来的巨大痛苦转化成无限动力去帮助盲人，就如我从来没有帮过他们！"

除了盲人，茱莉娅也关注世界上遭受战争蹂躏的穷困难民。在社会各界人士的支持下，茱莉娅夫妇为克里特岛筹集了三万七千美元，1867年3月，出于人道精神，豪医生为希腊再次出征。

"切弗已经预定好了我们3月13日的行程。收到了打包行李，准备旅行的信件，不确定的变数及即将到来的分离让我们觉得，能一起度过这个冬天，将是多么的幸福啊！"

抵达雅典后，切弗忙得不亦乐乎。酒店公寓里挤满了人：有黑眼睛的爱国者，克里特岛难民，昔日战争年代认识的老友，还有慕名而来的年轻人，他们渴望看到并向这位年长的希腊人的老朋友致敬。名叫迈克尔·安纳格诺斯的年轻人就是这些人当中的一个，他成了切弗的秘书，后来成为他的女婿，接管了珀金斯盲人研究所。雅典的女士们也来了，充满热情。白天忙着接待访客、代表团，召开委员会会议，晚上忙晚会及欢迎会。

尽管如此，雅典留给茱莉娅的第一印象却是忧郁的。看到岁月及战争破坏了原本神圣的纪念碑，她倍感痛心。谈到帕台农神庙，她惊呼：

"伯里克利下令修建神庙，他的话语刻在大理石上，现在句子残缺不全，意义尽失一半……这里是胜利之殿，殿堂内的浮雕表现了胜利女神匆忙赶来执行光荣使命的情景。其中一位胜利女神脱了鞋子,象征永不离开,永久守望,然而所有胜利女神雕像长期以来受野蛮人破坏,浮雕图案、大理石光影效果都惨遭破坏,仿佛是对传统最残酷的揶揄和嘲弄。无翼胜利女神雕像不翼而飞,无据可查。但是帕台农神庙现在最渴望看到的就是这尊无翼胜利女神雕像,因为她象征着胜利那股永不退却的力量的胜利,即真理的力量。"

"1867年6月24日晚上七点时,我们到了诺普利亚港口,街上人来人往。刚刚被砍掉的强盗脑袋,被带进了城里。我们来到镇长家里,他安排我们住在顶楼并提供了床垫……蚊虫的叮咬简直让我抓狂。床垫铺在地板上,我们四个妇女并排躺下,满怀感谢……"

在诺普利亚要塞,她看到一群囚犯在法庭里等待死刑,这一幕深深触动了她。

"不要怜悯他们,夫人!"少校说,"他们的所作所为理应被处死。"

她哭着说:"他们和我们都一样,都是同样脆弱的肉身,这尊肉身容易贪腐、堕落、诱发犯罪,但终归是可以救赎的,但社会却给出如此苛刻昂贵的救赎方法,怎能不同情他们呢?

"当我看着他们时,他们的无助让我震颤。这世界上有什么能比手无寸铁的罪犯还无助的呢? 他们没有内在铠甲击退社会粗鲁的审视;他们没有安全的灵魂堡垒抵御嘲笑和愤怒;他们抛弃了宝石般珍贵的男子气概；人类法律将其粉碎成空，看不见最终的受益者。"

诺普利亚有一个克里特难民聚点，另一个难民聚点在阿哥斯，都迫切需要食物衣服。豪医生向政府申请了一艘蒸汽船，在帕拉多斯获得船只，他迅速带上了妻子，大女儿和物资，乘船前往诺普利亚。继诺普利亚之后，又来到阿哥斯克里特岛，难民被安置在那里。在这里，切弗一行人高兴地帮半裸的妇女和儿童有衣可穿。许多衣服是弗洛伦斯和她擅长针线的年轻朋友们缝制而成的。"小姑娘们脱下羽毛帽子和精致的手套，挥舞着笨重的裁剪工具，热切地调整着手臂和裤腿，三角裙摆及裙褶。几乎没有人能等得住这些不惧辛苦的小裁缝们，妈妈跑到面包房忙去了，为这些孩子们感到骄傲。她们热烈地谈论着慈善工作，我们可以肯定的是，没有空洞的废话，没有恶意的闲言碎语。因此，慈善始于家庭，生长于心，落实于手，也可规矩那些调皮蛋们的叛逆行为。看到这些精心裁制的衣服，我们心中充满了对这些亲爱孩子们的爱和骄傲。"

日记简要描述了在克里特岛分发衣物的情况："一些人几乎衣不遮体，或者衣服破烂不堪，带着受罪的小孩子，我们的白棉布裙子和麻布袋衣服看起来都不错。在允许的时间内，我们做出最快的判断，按名单叫名字，进来一个，立刻匆忙为其挑选出衣服，然而，名单还未念完，衣服已经发完了。"虽然从美国带来的捐赠物品很充足,但还是无法满足人们的需求。在访问克里特以及各个难民据点后,医生认为必须获得进一步的援助……

从此,克里特岛是茱莉娅一生的牵挂。九十岁时,她写信给塔夫脱总统希望美国能帮助克里特岛度过危机,避免沦入土耳其暴政。

对社会中的弱势群体,她也满怀仁爱之心,呼吁大众消除偏见,用爱感化那些受伤的心灵。

"1872 年7月4日……看到一张悲惨的脸,一个小男孩,光着脚,拽着一个衣着破烂,手拿风琴的男子。给小孩一便士,我仅有的铜板。但是,看着小孩让我心疼,我决定,上帝帮助我,我今后的奢侈品应服务于帮助人类减轻苦痛,决定赎回自己花在各类花哨饰品上的大量时间和金钱……"

1872年,她受邀作为美国代表出席了两场重要的会议:在巴黎举行的和平大会,在伦敦举行的监狱改革大会。

法国会议先开。她按时到达巴黎,参加大会的主旨会议。她出示了证件,请求发言,却被尴尬地告知,大会休会时,她可以和各级官员交流!对如此议程安排,她没做任何评论,只是说:"我会在旁边的会议室里遇见十几个或更多绅士,我不妨简单地向他们说说我在争取广大妇女同胞理解支持及投身于推动世界和平方面做的努力。"

返回伦敦后,她有幸作为代表参加了那个时代伟大的监狱改革会议。

若时光倒流到1843年，新娘茱莉娅绝不会认为有机会参加监狱改革会议是一种荣幸。她或许会满不在乎地耸耸肩膀，撅着嘴，因为丈夫切弗更关心这些事情而不是歌剧，切弗不理会葛丽西，马里奥的演出。她甚至可能写一些关于她的假想敌堂吉诃德倾斜风车的打趣诗句。现如今，切弗健康不佳不能参会，她现在站在会场，与切弗有着相同的兴趣和目标，她现在也听到了囚犯们忧伤的叹息。

在这次大会的一场分会场，一位守旧派的狱卒为鞭打顽固囚犯的监狱管理制度辩护，并以野蛮的方式描述了一个残酷的事件。她的血被点着了，要求发言。

她说："有一次，一位绅士一大早拜访知名的博布鲁梅尔，遇到一位男仆拿着一托盘凌乱的领带往出走，'这是什么？'客人问道，'这是我们的失败。'仆人回答。我看到我们国家的黑警车拉着罪犯开往拘留所。我会说：'社会，这是你的失败。'"

大家为她的一番话热烈鼓掌，体罚被否决了。

茱莉娅的家就像咨询室，神情严肃的男人、面容恳切的女人来来往往，不同国家的人都有，他们单个，或成对成群地来看望她，提出请求，表达尊敬，寻求建议。她唯一不愿见到的就是那些悲叹命运并要博得她同情的人。没人知道她的善行到底惠及多少人。她的善举大多是应时之需，虽琐碎细小但持续不断。

　　她认为乞丐和流浪汉应被温柔对待，尤其不能拒绝给刑满释放人员提供帮助。如果可能的话，必须帮他们找到工作。如果不这样的话，他获得的一美元都让人恐惧，"帮他找到工作！"

　　她一生为改善弱势群体、聋哑人、囚徒、奴隶的境遇而奔走呼告。她笃信"强势一方操纵弱势一方是有悖于道德的，帮助地狱中的灵魂胜过在天堂同圣徒享福"。

第五章

绚烂落日

沿着金光灿灿的河面前行，

蛋白石、紫水晶一簇簇铺撒在河床。

河堤两岸光影疾驰，

暗影遁迹，化作迷雾。

稚嫩之眼错失方向，

狂暴之浪掀起漩涡。

狂流之上上帝之手，

救我出险涡。

一台古琴，如影相随，

仙乐飘飘，气贯长虹。

无须预演，亦无卡顿，

唯能展现自然深沉伟大的脉动。

我的旅程临近终点——在那宁静的港湾，

我欢呼找到了停泊的港口。

那双温柔的手，那双播种善良的手，

盛满无限慈爱，捧出最好归宿。

——茱莉娅·沃德·豪

在孙辈们看来,茱莉娅日记中那严肃的语调,参与公共事务的各类轶事,简直令人难以置信。据他们回忆,家庭生活如此温暖,如此丰富,如此亲密,足以让生活之杯满载而外溢不止。茱莉娅曾经说过,"社交活动中她每一个毛孔都热血膨胀",她虽年事已高,但浑身散发着光和热,照亮她所接触的万事万物。她一走进房间,所有人的脸仿佛都被点亮了,如同她手中拿着一盏灯。

日复一日,年复一年,她确实是个好同志。不动怒是她后天养成的第二天性,她是世界上最容易相处的人。如果家里的平静被打破,她会说:"什么都别说! 等一等! "

日记中经常提到的忧伤有时会惊醒梦中的她。凝神屏气在她门口侧耳细听,或许能听到一声深深的叹息,不过这种忧伤会在她离开房屋前被清理干净,她走下楼时,如同她的一位孙子曾说的"就像一个冒着泡的银茶壶"。

每天早餐就像过节,向来从容舒坦。大家聊天交流,查阅信件,陪伴她的家人会把有些信件与报纸一起读给她听。有时她紧紧地盯着孩子,专注地看他们吃东西,等到最后一口时,她加重语气悲痛地说道:"我想吃!"然后,看着小孩惊讶的脸,发出一阵阵银铃般的笑声,身子倒到椅子上,双手捂住脸,两脚踢着地板。

"看看她!"莫德喊道,"又淘气了! "

她多么喜欢笑啊!

"有一天,"一位孙女说,"家里挤满了客人,她让我在她的沙发上小眯一会，而她上床休息。我们俩都静静地躺着。过了一会，她以为我睡着了，我听到她在笑，笑到几乎像哭。不久她睡着了，大概二十分钟后，又在同样的欢笑声中醒来。笑得床都轻轻摇晃，不过她试图憋住笑声，免得吵醒我。

"'笑什么？'我问道，'什么事那么美妙有趣？'

"'哦，亲爱的，'她说着又笑了起来，'没什么！说起来也顶荒唐！我只是试着把胡言乱语翻译成希腊语！'"

那一年她九十一岁。

除了特别糟糕的天气外，她几乎每天坚持散步。西风肆掠，她快步前行尽快完成遛弯的任务。她会说："这是为了生活！"风和日丽，阳光明媚的日子里，她喜欢在英联邦大街上闲庭信步，看着路上成群结队的小宝贝和小孩童，不时停下来逗逗这个，逗逗那个。

散步之后，她径直走到书桌前，直到中午都是宝贵的勿扰时间，现在的勿扰时间不像儿女小时候那么严格。现在，她中途会休息片刻，完全沉浸在愉悦当中，琢磨该为即将到访的客人准备怎样的晚餐，下午招待会上她要穿哪件晚礼服。伴着一声欢快的叹息，她又拿起亚里士多德或埃斯库罗斯的书来读。写作时，她很少中途休息。有时她会恳求孩子们抽出"片刻时间"，好像孩子的时间和她自己的时间一样宝贵。被打搅时，她的痛苦感也不像前几年那么强烈。或许她对写作不像以前那般认真。她经常说，

"哦,亲爱的,我终于开始明白我再也不会写书了,我的伟大工作已相当好了!"

她每天都一丝不苟地吊嗓子,一直坚持到生命最后几年。孙女们常来听,她便唱上几段被遗忘的歌剧。如果周围没人——她会用"甜美的音线"唱美妙的意大利语咏叹调。

晚上,在"维克多"音乐会之前,她会大声朗读,这是她的一大乐趣。她晚上从不读历史或哲学著作,但必须要有本小说(不读"问题小说",她讨厌此类作品),喜读那种情节跌宕起伏,让人激动的精彩故事。她喜欢的书有:《伴着火与剑》《金姆》《巴伦特拉大师》。她厌恶听到财务危机或身体疼痛,"这会让我感到膝盖痛"!

她从来不用费力就能对人产生兴趣,她天然就对人感兴趣,她每一根神经都是如此。年轻人稍做点家务,他们的勇敢、努力、节约都会让她为所有的年轻人感到骄傲激动。事实上,所有人类活动都能激起她同样浓厚真诚的兴趣。

夏日傍晚,她和弗洛伦斯坐在钢琴旁,弹奏《加拉蒂亚,擦干眼泪!》《亨德尔创作的假发舞会音乐》,她就这样称呼自己的歌剧。或者,如果儿子在家,她就为《弥赛亚》或《以利亚》伴奏。为适应歌者的嗓音,她可以轻松准确地对伴奏曲作适当地调整。音乐家说,她是理想的伴奏者,从不凸显自己,给予歌手最完美的支持和理解。

借助日记回顾一下她生命历程中的最后一段时光。

"纽波特。我开始感到活得太久的辛苦和悲哀。我甚至不像以前那样喜欢读书了。我努力为女性总联合会两年一次的大会找一个恰当的词(1908年6月22日和23日在波士顿举行)，却终究难以如愿……"

很快在庭院的绿树下，她又复活了，又像往常一样热爱读书，思索着文章，并把其写下来，再去波士顿演讲，返回后会见了来纽波特参加"两年大会"的妇女团。(注释：她参加大会的时间已有些迟，她的邻居——布拉德福德·诺曼驾驶她的汽车以飞一般的速度驶入纽波特。下车时，"布拉迪，"她说，"如果我能年轻十岁，我会自己搞一辆这见鬼的车！")

她非常享受这一切，但疲劳之后，紧接着第二天无比悲伤痛苦，一大早她"认为她应该锁着门死去。"(她锁上她的房门，女儿们的祈求毫无用处。在波士顿时，房间的钥匙都是精心分发的，所以子女还可以进入她的房间，而在橡树谷只有一扇结实的门。在这种情况下，她无助绝望地躺一会，便打开门，叫来忠实的女仆。)

1908年6月30日她写道：

"哦，美丽六月的最后一天！也许这是我在地球上的最后一个六月……只要我能为任何一人提供安慰或帮助，我将感激我还活着……"

"1908年7月12日……在内战中，谢尔曼对科西嘉说：'你能坚持到我来救援吗？'科西嘉对谢尔曼说：'我已痛失一只胳膊，断了颧骨，少了一只耳朵，但我还可以用舌头鞭笞整个地狱。'"

"1908年7月30日。今天感觉精力充沛，想着要开始着手整理我那旧哲学文稿……只翻出了《论性格的两面性》。这种两面性的教训是什么呢？即优秀的人应该记住他或她公司员工性格的两面性，有邪恶的可能性，而哪怕是最顽固的刺头，也有与暴烈相对的善良的一面，若举措得当也能激发出他们美好的一面。"

为期刊《叙述者》写了一篇题为《我想送给我的国家什么样的圣诞礼物》的文章后，茱莉娅担心自己创作力衰竭，但小女儿莫德的意见让她恢复了信心。"我花了很大的力气写了这篇文章，但认为莫德对此文褒扬过度，只为振奋我的精神。"茱莉娅选择的礼物是"更敏锐的国民良心"。这篇小文只有七十行，但字字珠玑。

1908年9月初，她出席了一个"微型公共服务"活动，为纽波特纪念罗尚博伯爵的青铜牌揭幕。她本来很乐意发言，但女儿担心她，故而反对，此刻她"只想以正确的方式拉弦，只有听命"。

"1908年9月21日。纽约，安宁绿洲。搭坐赛斯娄先生的汽车，一路愉快交谈，一起讨论大富豪及他参加的海牙会议。我们及时赶到了绿色和平，听弗兰克·波特演唱我创作的歌曲，他唱了大约一半曲目。作为一名优秀的男高音，他受过良好的训练，恰如其分地演绎出我的曲目。没料想到我能这么开心。我本担心此次旅程会不顺利，然而如此愉快。看到儿子身康体健，悠然自得，还有这么恩爱的妻子，我特别高兴。波特送给我一些鲜花及产自巴拿马的名贵兰花。"

"1908年11月6日。希望明天中午离开这个可爱的地方，在这本日记中留下最后一条记录。刚刚过去的这个季节，我心存感念。这是个忙碌又宁静的季节。见到了新老朋友，非常愉快，是社交的欢欣和精神的愉悦。见到了亲爱的小埃莉诺·霍尔，最可人的宝贝。和我所有的子女，部分孙子，及四个曾孙一起度过了一段美好时光。"

"我们在'文书斋'的聚会无比欢愉……这个冬天让我满怀希望。长长的秋季吸足了新鲜空气，心情愉悦，精力充沛……"

子女们为茱莉娅没有很好的拐杖感到悲伤，但在她看来拐杖似乎是对体能的一种浪费。现在，子女们明白母亲不要拐杖的部分原因是为了保护自我机能，让运动着的肌肉保持韧性和强壮，毕竟运动对她来说至关重要，也十分必要。部分原因是给予她一种完整的自我感觉——身心的统一。凡她承担的重要工作都很少失败，生活中的琐事，她经常留给别人或者索性忽略不计。

1909年2月7日，她写道：

"林肯诞辰百年诗歌曾一度让我感到绝望，一段时间之后，某个清晨若干诗行涌入脑海。我起床，把自己包裹严实，写下我想到的，算是开了个头。"

　　第二天写完了这首诗，2月12日她带着三个漂亮的孙子孙女来到交响乐大厅，在共和国大军和他们的朋友面前朗诵了这首诗。

　　"警察不得不让我们进场。很快，我被带到前台我的座位上。大厅里挤得水泄不通。我怀疑我的声音是否能送达到这么多人的耳朵里，但我似乎立即被赐予了力量，我相信我的声音很清楚。托马斯·温特沃斯·希金森听完我朗读后，找到我说：'你是个棒女孩，表现特别好。'"

　　接下来的任务是写一篇题为《不朽》的文章，这篇文章耗费了她大量的心血和精力。

　　"1909年3月27日。《不朽》一文越写越顺了。今天，幻想在我离别之际到来时，我会心甘情愿地离开。害怕被活埋的极度恐惧消停了一段时间。我看到的上帝只有善良，对未来生活的一切问题，我都可以信任。我对自己说：'最好的在等着你和我。'"

　　正是在这种情绪下她写道：

　　"我，作为一个个体，随着年龄增长越发感到自己债务深重。某天我想到，告别这尘世时，倘若我有墓碑，'上帝可怜的欠债者'或许是我墓碑最适合的碑文。我从造物主那摄取了那么多，而我能回馈的又何其少。"

　　"如果获得批准，我明天晚上将在法尼尔厅举行的会议上呼吁修订我们与俄罗斯政府签订的引渡条约。目前该条约给政府过多的判罪权限，导致容易混淆民事罪和政治罪，导致不是罪犯的革命者被当作为犯罪分子。"

"1909年5月10日。今天我开始写前几天我曾提到过的文章《价值观》。我非常希望能写出一些有用的东西，想起我犯的错误无比痛心，希望能帮助年轻人避免犯类似的错误。"

的确，九十岁生日像是个节日。信件电报雪花般蜂拥而至，高高堆起，几乎要将她淹没，她倾听每个人的心声，竭尽血肉之躯尽可能多地回复信件。以下是其中一些来信：

1841年4月6日，您在纽约某个地方捡到我，并把我送到了纽约的孤儿所，请接收您救助过的男孩最衷心的祝福："生日快乐！在您作董事会成员期间，很遗憾从来没有再见过您。"

那年我大约五岁，现在七十三岁。

满怀感激的

戴维森敬上

致哈里特·普雷斯科特·斯波福德夫人

亲爱的斯波福德太太，

我九十岁生日那天，你寄来一封温暖的信。我不禁感到好像

00:00:09

你和我的许多其他善良朋友一样，都认为展现我个人才华的某个巨作还尚未完成。在我看来，我所做的事微不足道，但我已经竭尽全力做到最好。这就是我所能说的。你的来信让我感动，鼓励我继续努力。难道你不认为我们已经看到了最好的吗？女性有了发展的机会，宗教越来越包容，神圣的和平事业也在进步。我像摩西一样，活着看到了人类步入了应许之地。这是多么值得感恩啊！我僵硬的手显示出时间如何消减我的工作能力，但是我和你及许多少年一样，仍然伴着勇敢的音乐前行。

希望有机会能见到你，相信我。

诚挚关心你的

茱莉娅·沃德·豪

紧接着生日庆祝，又有另一个欢庆活动，子女们以前特别喜欢各类庆典活动，但介于母亲茱莉娅年事已高，他们对此类活动较为冷淡了。在女儿们看来虽然没有其他活动能像庆典般让母亲欢喜，但也没其他任何事情比庆典更让她疲惫不堪。

1909年6月16日，茱莉娅丈夫及祖父的母校——布朗大学授予茱莉娅法学博士学位。她亲自前往普罗维登斯参加学位授予典礼，她这样向米切尔夫人描述此次活动：

"博士学位授予过程比较烦琐，但为了方便我，尽量简化了。古老庄严又漂亮的教堂挤满了人，我坐在前排的长条凳上，两个

学识渊博的人领我来到主席台前，方斯校长说了一些溢美之词，并给我颁发了学位，另一个人则把漂亮的学位斗篷披在我的肩膀上。乐队演奏着我的《战歌》，伴着掌声我走回我的座位。就这些！"

陪她一道去的同伴这样写道：

"她坐着静静地听着演讲，看着刚刚扬起人生风帆的女孩男孩走向主席台，从校长手中接过学位证书，这证书是对他们刻苦学习的认可和奖励。她的名字最后一个被叫到。历经岁月磨砺的她迈着从容的步伐走向主席台，她一身白色长裙，裙子上面套着她儿子大学时的袍子，头戴学位帽。

"她似乎比现场任何人都淡定，她看不到我们看到的：'这个英勇小个子，背负着九十载风雨，一直刻苦好学，勤勉工作。'女孩们站起来给她让道，她边走边低声嘟哝：'她们可真高啊！在我看来，现在的女孩比以前高多了。'她意识到她比以前矮了多少吗？我想她没有。

"所有其他人的眼眶都湿润了，她的双眼亮晶晶地闪着光，她晃动着辛苦赢得的学位证书，脸上挂着和那些女孩子一样欢快的笑容，她意味深长地看着那些女孩们，眼神中露出一丝挑战，似乎在说：'如果可以，赶上我！'"

长期以来，她一直为女性能接受高等教育而奔走呼告，忍受丈夫的不理解，饱受他人的嘲笑——看到那些大学毕业女生，人生之旅刚起步便受到了良好教育，就像是多年来的一个梦想突然实现了，让她备感振奋，洗刷掉了当天的疲劳。威廉·戈达德夫人为她和大学精英人士举办了晚宴，她状态特别好。

邀请她为公理会教会周日学校的儿童送去7月4日贺信，她写道：

"我希望他们能养成这种品格，能在社区形成这样的风尚，能为国家输送无数正直诚实的男男女女，他们视生命为一种神圣的信任，肩负为同胞提供服务的光荣使命。我希望他们能明白，无论贫穷或富有，他们都要不负时代，成为一个对社会有用的人。《圣经》说'没有人只为自己而活'。我们都有责任维护我们国家的品格和荣誉。在我看来，我们应该学习成为一名善良有用的公民。"

1909年夏天，克里特岛的问题又出现了。土耳其再次试图重新占领克里特岛，基督教世界再次提出抗议。这次她没考虑自己"太老了"。有人恳求她给予帮助时，她立刻写信给塔夫脱总统，"祈祷他想办法帮助克里特人，帮他们避免受到土耳其的暴政。"很快就收到了总统的回复，她很开心。总统说他以前对克里特岛的问题考虑不充分，承诺将她的信转交给国务卿。她写道："我万分诚恳地感谢上帝给予我这么多。今天，我觉得我必须写完所有紧急信件，因为留给我的时间可能很短了。"

因此，她就克里特岛问题撰写了一封公开信。信或许粗糙，但每一句都是发自茱莉娅的肺腑之言。她必须说出来。

1909年夏天，妇女选举权问题依然是她的关注点。会议在"大理石屋"（纽波特）举行，她兴趣浓厚，亲自参加了一场会议，接下来的会议，她派了她的第二代、第三代去参加，自己待在家里照看第四代。

1909年秋天，她当选为美国艺术文学院委员，12月她为首次召开的会议赋诗一首《国会大厦》。她非常希望能和其他会员分享这首诗，莫德虽有许多疑虑，但同意带她去华盛顿。事情并非如此发展。在了解她的意图后，该协会的三名工作人员威廉·迪恩·豪威尔斯、罗伯特·安德伍德·约翰逊和托马斯·尼尔森·佩奇向她发了一封环形签名电报，恳求她不要冒着严寒长途跋涉。好心的建议并未即刻被喜纳。"哈！"她想，"他们认为我太老了，但旧蓝罐里还剩下点姜！"

1909年至1910年的冬天特别冷，她几乎每天都待在房子里，不过每天都很充实，很愉快。一天她大声喊道："生活就像一杯茶，糖都淀在杯底！"还说道："哦我必须尽快出发，我准备好了去大学！"

天气太冷不能外出时，她便在家里散步，敞开窗户，在她的房间和对面的房间来回走动。她长时间坐在书桌前，耐心而不辞劳苦地工作着。她常常重拾起曾被遗漏的工作，竭尽全力兑现每一个承诺，回复每一封信。

"'胡格诺派'的大部分曲目我年轻时就很熟悉,那时我常常和兄弟们一起合唱《拉特普兰》的选段。我还唱情人节的祈祷——《在花丛中我的梦想复活了》,用大提琴代替巴松管来伴奏。我知道那天晚上我唱得比平时好得多,亲爱的约翰叔叔对我说:'你唱得很好!'胡迪拉着大提琴。现在,我听到了熟悉的声音,辨认出第一幕中的饮酒合唱,第二幕中的《拉特普兰》,至于情人节的祈祷,和《花开》的曲调相重叠,我不是很确定。主打歌曲唱得都很好,不过我很是疲惫,回忆也满是忧伤。"

整个冬天,她继续与新英格兰女子俱乐部的十五名成员一起开展经济学研究。她也读柏格森的著作,不时地"完全陷入困境",找不到"指向有意义的中心点"。

1910年3月她受风寒病倒了,心想:"我会更加关注涉及大众生活和社会的重大问题。正如有些人所想的那样,如果此刻我有话想说,我会不遗余力地说出来。"

纯牛奶的问题摆到了马萨诸塞州立法机构面前,引发了激烈的争论。她收到紧急电话求助,"豪夫人可否愿意为牛奶事业说句公道话?"莫德走进她的房间,发现她伏在书桌前,一大早战役就已打响。

"州议会就牛奶问题专门举行听证会,他们非常希望您能发表意见。您要说些什么呢?"

"给我半个小时!"她说。

不到半小时，她就已经构思好了演讲，穿上她最漂亮的印着花的丝绸斗篷，戴着新的淡紫色丁香花的头巾，这个头巾是一个可怜的女裁缝送给她的生日礼物。到达州议会大厦后，她耐心地坐在那里听着众人的演讲。最后，叫到她的名字，大家也注意到，她可以无须发誓保证所言为真。她站起来，挽着女儿的胳膊向前走，"豪夫人，您可以坐着讲。"仁爱的主席说道。

她没带讲稿，不需要带。年复一年，她站在那里，为享有完整的公民权利而大声争辩，今天她最后一次为公平、公正发出振聋发聩的疾呼。

她说："关于这个案例，我们已听到了很多从农民和经销商视角来谈的论证。我们希望这个问题能在正义仁慈的基础上得以解决。要尽快找到对所有相关方来说都公正的解决方案。对所有人都公平公正！让我们以此为出发点。然而，有一个利益相关方，我们从来没有听到他的声音，他无法为自己言说，我站在这儿代表他们发声：为婴儿发声！"

仿佛受到电击，立刻，疲倦的听众，或呆滞，或顽固，或愤怒的辩手被激发起了新兴趣，又变得精神抖擞。粗鲁的农夫、精明的中间商、冷淡的立法者都为之一振。怀着强烈的兴趣，静静地聆听这位女先知一步步从婴儿的视角展开论证，驳斥了农民和经销商。

纯牛奶协会律师亚瑟·迪洪·希尔带领她离开房间时说道：

"豪夫人,你今天扭转了乾坤!"

几天后,她九十一岁的生日。客厅里摆满了美丽的鲜花及其他礼物,还有饱含着深情的贺卡和电报。"我还有何求呢?唯一能做的就是将来能做点事配得上这么多的爱戴及感谢之情。我一直希望能值得拥有这一切。然而当我回顾这一生时,由于缺少见解,我浪费了一些精力。像许多年轻人一样,我也不知道我真正的天赋是什么。或许最佳的感觉就是我称之为那一刻的感觉,听闻我如是说,一位法国朋友对我说:'豪夫人说得非常好。'常有人赞扬我说话用词恰到好处,之所以如此,是因为我有一种强烈的直觉应该用哪个词。"

1910年6月初,正当她为夏季搬迁做准备时,跌倒了,一根肋骨受伤。搬迁就推迟了一个礼拜,受损的肋骨很快长好了。她沉浸在绿树及鸟儿欢快的鸣叫中,旋即又无比开心。

身体不适时, 她的心灵——在子女们看来——却变得越发清澈,笼罩着精神的面纱越发透亮。她"能看到隐匿的东西"。

夏天某天,邻居来串门,带着她的儿子——一个英俊的运动员,衣着整洁,正是风华正茂的年纪。她打量了他片刻,突然说:"你写诗!"

小伙子脸红了,他的母亲惊讶得目瞪口呆。事实是他最近写的一首诗获了奖,文学是他的志向。又一天,她发现某个家人眼里"穿着漂亮白鸭绒衣服的幼稚男孩",其实是一个隐藏的哲学家。她能掏出每个人心里的秘密，但动作如此温柔，结局也皆大欢喜，无论年轻人还是老年人都感到得到了他人的理解。

夏天的访客中，没有一个人比她的曾孙——克里斯托弗·伯克海德，更受欢迎了。她喜欢抱着他看，严肃温柔地盯着他沉思：一副过去和未来交织的美丽动人图景。

女儿莫德刚刚写了一本关于西西里岛的书，像往常一样，茱莉娅阅读并校正了样稿。她校稿特别仔细认真，从不在样稿上写建议，而是把意见单独列在一张纸上，并和样稿的页码保持一致，注出短语或她的修改意见。这是她不变的习惯：作者必须完全享有保留自己措辞的自由，是否选用她的用词取决于作者。

1910年夏天，散步也会让她感到疲倦，但她还是坚持散步。

"扎克，"她对着约翰·艾略特下达指令，"带我去散步。"

他记得昨天她抓住他的胳膊说：

"走了会路我感觉特别累。"（在广场周围走了两圈）

"再走一圈！"他鼓励道。

"不，今天已走到我的极限了。"

"让我带你从这条路回房间。"他说，带着她从广场绕回来。这样走比走直路长五倍！

她笑了，很高兴这样做，但他能感觉到她很虚弱。

那个夏天，《炮兵的誓言》是"维克多"音乐会上她最喜欢的乐曲。整体而言，这首曲目斗志昂扬，流露出几分孤注一掷的豪迈,她曾经历过多少这样的时刻啊！九点钟左右,她总要听这首曲子,不过给它起了个奇奇怪怪的歌名,取自其中一句歌词:"我将在战斗前线与你结婚！"

即使她刚才还睡意昏沉,这首歌一唱响,她便头脑清醒,精神抖擞。她起身站起,举手投足透着一股英气,带着特有仪式感离开家人,就像皇室收兵一样。就这样晚上的活动结束了,其他人也去睡了！

回顾最后一个宝贵的夏天,想起有几件事情可能是让子女为即将到来的离别做好准备,只是他们当时并未留意。茱莉娅多次提到旧时光,心念念她童年及少女时代那些贴心的人。她时常提及他们,"我奶奶过去常说"——语气是那么自然,就像隔壁的男孩说起她一般。

她不照镜子,她说:"我不喜欢看到我那苍老的脸。"她看不出其他每个人都能看到的美。然而,她始终保持着某种可爱的娇媚。她喜欢白色的连衣裙,以及那年夏天买的那件印着花朵的丝绸斗篷。她精心挑选搭配每件衣服的珠宝,黄玉十字架配白色衣服,紫水晶配淡紫色的衣服。她非常讨厌老年人衣冠不整或邋里邋遢,从不吝啬花点时间整理好帽子及蕾丝花边领。

她的脸上有一种近乎神圣的光芒,休·伯克海德看到她时,认出这是他在圣人时代圣者面孔上看到的那种神态。子女们彼此相互念叨着:"母亲能活过这个世纪,我们将一起欢庆她的百岁生日！"孩子们相信这一点，她也半信半疑。

医生强烈坚持认为，至少整个夏天，她应该让自她摔倒后一直照顾她的那位训练有素的护士继续待在她身边。她"听到了大夫说的话，但这并没有改变她的决定"。1910年8月初，她写到"挽着莫德的胳膊走了一段路，我明确地宣布我打算遣散那位受过专业训练的护士，我身体状况很好，生活习惯简单，完全没必要雇个护士照顾我。"

她威胁要给她的法律顾问写信。

她说："我宁愿死，也不愿成为一个带着护士的老太太！"

莫德和弗洛伦斯哭着恳求，争辩理论，但是护士还是被解雇了。但她在日记里承认："护士的照料和科布医生的诊断对我的身体健康非常有益。"就在同一天，她还记录了波斯王子的探望。波斯王子来这个国家主要为见两个人：美国总统和茱莉娅·沃德·豪夫人。"他声称自己是杰出哲学家转世，对和平事业抱有浓厚的兴趣，所以拒绝参观港口船只，虽然他收到了邀请。"

时光流转到十月初，她获得史密斯学院的法学博士学位。是否去该校领取证书让她犹豫不决，但最后，"虽然觉得麻烦，还要花一笔费用，我还是决定去史密斯学院领取我的学位证书，但我想以后我不会再这样做了。"

她与女儿一起动身前往马萨诸塞州的北安普顿。金秋时节，她精神抖擞。各个学院精英在车站迎接她，其中一位腾出自己的一套房间供她使用，很快她就安顿好一切，宁静舒适。

1910年10月5日，星期三。一个秋高气爽的日子。一大早，她就穿好白色连衣裙，上面套了件黑色的丝绸学位袍，戴上学位帽，那神态就像她戴着白色蕾丝帽。穿戴整齐后，一把轮椅将她推到大厅，那里已经挤满了毕业生和到访者，主席台仿佛悬在半空，台上坐着学院领导和贵宾。主席台对面，弧形状的大展厅里挤满了白衣女孩，约莫有两千人，当她进入大厅时，她们齐刷刷地站了起来，就像一群鸽子展翅起飞，其他所有人也都站了起来。叫到她名字时，所有人又一次站了起来，茱莉娅的名字列在毕业生名单的最后。她走向主席台时，管风琴响起，年轻人们齐声高唱：

"我的眼睛看到了恩主降临的荣耀——"

当天晚些时候，学生手拿着签名簿，请求她签名。她看着劳拉，一双眼睛亮晶晶。

"你觉得他们乐意我写点什么吗？"

得到肯定答复后，她沉思片刻，然后在签名下面写道：

"信步史密斯学院，

欲求学识博渊，

别时愈发聪慧，

万事不觉惊诧！"

回到家中，她并未表现得特别疲倦。家人想："明天她才会感到更累！"但她并没有。儿子来度周末，他一来总是很热闹。星期天真是快乐的一天。晚上，一大家人聚在钢琴周围，茱莉娅弹着钢琴，儿女们唱着古老的德国学生歌曲，这些歌曲是距当时七十年前山姆叔叔（茱莉娅的大哥）从海德堡带来的。

星期二，她去了"文书斋"，是一次生命和灵魂的聚会，欢快且酣畅淋漓。在乘坐马车回家的路上，她觉得有点热，要求将马车顶部敞开，以便尽情感受秋天醉人的美景，猎户月和猩红的落日同时呈现在眼前。

星期三她忙着伏案工作，承认有点感冒，但不碍事。第二天便发展成了支气管炎，接着又成了肺炎。有几天问题似乎很严重，强悍的身心为生命而战。两位尽心尽力的医生守在她身边，一位是多年的老朋友，一位是年轻的助手。看到助手她有点疑惑，但他的青春和活力对她是种力量补给，茱莉娅的手放在他有力的手中，静静地休息。

周日晚上，年轻的医生认为她康复了，年长的医生说："如果她能熬过接下来的二十四小时，她将会康复。"

但她太疲惫了。那天晚上，他们听到她说："上帝会帮助我！"天快亮时，她再次说："我太累了！"

与莫德单独待了一会，她说了一句话，这句话就是莫德在幼儿园期间母女们常说的"再见"。

1910年10月17日，星期一早晨，茱莉娅的灵魂安详地升入上帝的怀抱。

　　参加葬礼的人不会忘记这一幕:鲜花装扮的教堂,大量前来悼念的民众,八个强壮的孙子肩膀上扛着白色棺木。历经岁月历练,透着智慧光芒的感人言语是离别时的致敬,喇叭响起,仿佛是在宣告她在这尘世间的最后一次胜利,盲人孩子围着墓地唱着歌,秋日阳光金光闪闪,仿佛最后的问候。

　　莫德曾问母亲:"告诉我,生活的完美目标是什么？"

　　她顿了顿才回答,深思熟虑地说出每个词:

　　"学习,传授,服务,欢喜！"

　　茱莉娅用这八个字概括了自己的一生。

附　录

《共和国战歌》

《共和国战歌》(The Battle Hymn of the Republic)原版词曲是由威廉·史蒂夫创作,茱莉娅为该曲重新填了词,激起民众共鸣,广为传唱,成为美国南北战争时期非常流行的一首爱国主义歌曲,以下为茱莉娅填写的歌词:

Mine eyes have seen the glory

Of the coming of the Lord;

He is trampling out the vintage

Where the grapes of wrath are stored;

He hath loosed the fateful lightning

Of His terrible swift sword;

His truth is marching on.

(Chorus)

Glory! Glory! Hallelujah!

Glory! Glory! Hallelujah!

Glory! Glory! Hallelujah!

His truth is marching on.

I have seen Him in the watchfires

Of a hundred circling camps

They have builded Him an altar

In the evening dews and damps;

I can read His righteous sentence

By the dim and flaring lamps;

His day is marching on.

(Chorus)

Glory! Glory! Hallelujah!

Glory! Glory! Hallelujah!

Glory! Glory! Hallelujah!

His truth is marching on.

He has sounded forth the trumpet

That shall never call retreat;

He is sifting out the hearts of men

Before His judgement seat;

Oh, be swift, my soul, to answer Him;

Be jubilant, my feet;

Our God is marching on.

(Chorus)

Glory! Glory! Hallelujah!

Glory! Glory! Hallelujah!

Glory! Glory! Hallelujah!

His truth is marching on.

In the beauty of the lilies

Christ was born across the sea,

With a glory in His bosom

That transfigures you and me;

As He died to make men holy,

Let us die to make men free;

While God is marching on.

(Chorus)

Glory! Glory! Hallelujah!

Glory! Glory! Hallelujah!

Glory! Glory! Hallelujah!

His truth is marching on.

茱莉娅·沃德·豪家谱

茱莉娅·沃德·豪的父母兄妹

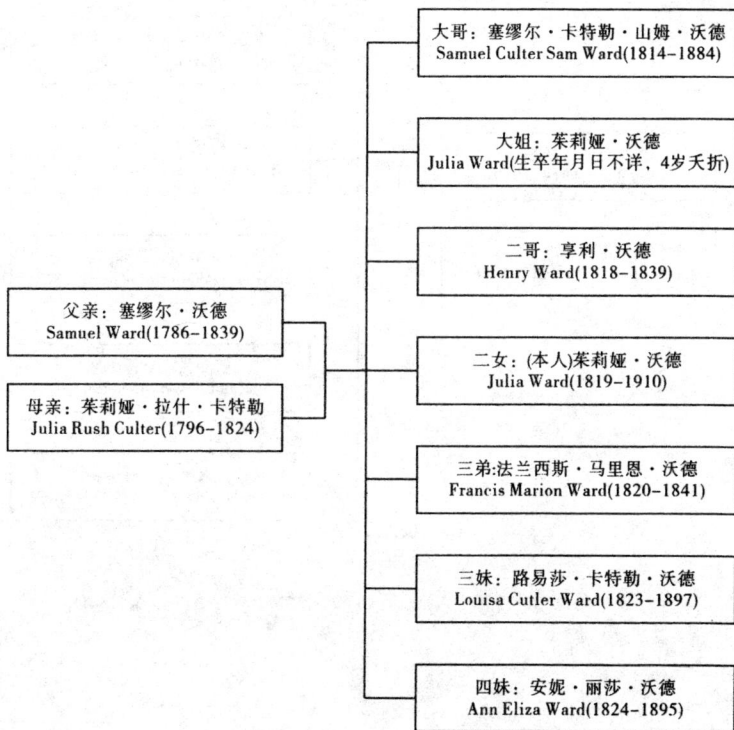

```
                                    ┌──────────────────────────────────────────┐
                                    │ 大哥：塞缪尔·卡特勒·山姆·沃德              │
                                    │ Samuel Culter Sam Ward(1814-1884)          │
                                    └──────────────────────────────────────────┘

                                    ┌──────────────────────────────────────────┐
                                    │ 大姐：茱莉娅·沃德                          │
                                    │ Julia Ward(生卒年月日不详，4岁夭折)        │
                                    └──────────────────────────────────────────┘

                                    ┌──────────────────────────────────────────┐
                                    │ 二哥：享利·沃德                            │
                                    │ Henry Ward(1818-1839)                      │
                                    └──────────────────────────────────────────┘

┌──────────────────────────┐       ┌──────────────────────────────────────────┐
│ 父亲：塞缪尔·沃德          │       │ 二女：(本人)茱莉娅·沃德                    │
│ Samuel Ward(1786-1839)   │       │ Julia Ward(1819-1910)                      │
└──────────────────────────┘       └──────────────────────────────────────────┘

┌──────────────────────────┐       ┌──────────────────────────────────────────┐
│ 母亲：茱莉娅·拉什·卡特勒   │       │ 三弟:法兰西斯·马里恩·沃德                  │
│ Julia Rush Culter(1796-1824)│    │ Francis Marion Ward(1820-1841)             │
└──────────────────────────┘       └──────────────────────────────────────────┘

                                    ┌──────────────────────────────────────────┐
                                    │ 三妹：路易莎·卡特勒·沃德                   │
                                    │ Louisa Cutler Ward(1823-1897)              │
                                    └──────────────────────────────────────────┘

                                    ┌──────────────────────────────────────────┐
                                    │ 四妹：安妮·丽莎·沃德                       │
                                    │ Ann Eliza Ward(1824-1895)                  │
                                    └──────────────────────────────────────────┘
```

茱莉娅·沃德·豪的子女

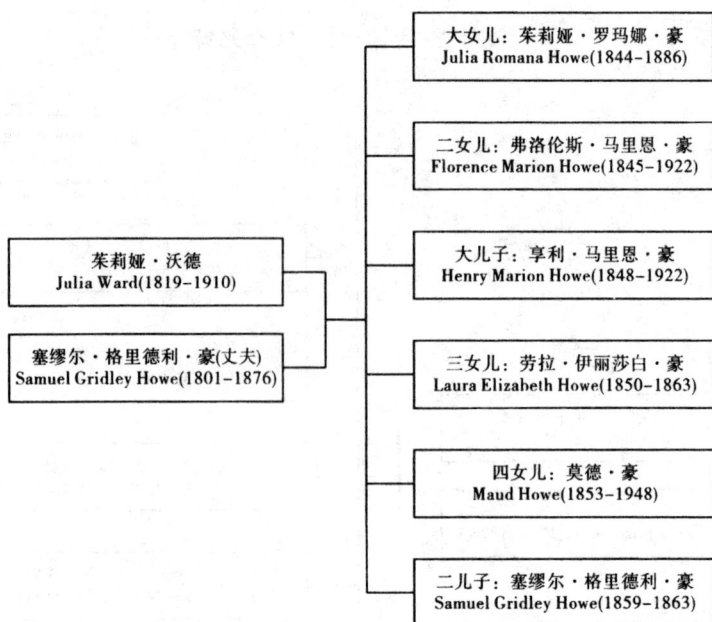

茱莉娅·沃德
Julia Ward(1819–1910)

塞缪尔·格里德利·豪(丈夫)
Samuel Gridley Howe(1801–1876)

大女儿：茱莉娅·罗玛娜·豪
Julia Romana Howe(1844–1886)

二女儿：弗洛伦斯·马里恩·豪
Florence Marion Howe(1845–1922)

大儿子：享利·马里恩·豪
Henry Marion Howe(1848–1922)

三女儿：劳拉·伊丽莎白·豪
Laura Elizabeth Howe(1850–1863)

四女儿：莫德·豪
Maud Howe(1853–1948)

二儿子：塞缪尔·格里德利·豪
Samuel Gridley Howe(1859–1863)

茱莉娅·沃德·豪时光轴

年代		事件
19世纪初	1819	茱莉娅于5月27日出生于纽约
19世纪 20年代	1824	妹妹安妮出生,母亲茱莉娅·拉什·卡特勒病故
	1829	搬到邦德街16号
19世纪 30年代	1831	搬到邦德和百老汇两街交汇处的家宅"角落"
	1839	父亲塞缪尔·沃德病逝
19世纪 40年代	1840	哥哥亨利死于伤寒
	1841	拜访波士顿的朋友 遇见了未来的丈夫塞缪尔·格里德利·豪
	1843	茱莉娅和丈夫去欧洲度蜜月
	1844	大女儿茱莉娅出生
	1845	二女儿弗洛伦斯出生,从珀金斯盲人研究所搬家至 "安宁绿洲",在此一直住到1863年
	1848	儿子亨利出生
19世纪 50年代	1850	三女儿劳拉出生 茱莉娅出游欧洲,租住在罗马公寓里,跟随拉比学 习希伯来语
	1851	返回波士顿
	1852	协助丈夫创建《共和国报》
	1854	四女儿莫德出生 匿名出版《激情之花》
	1857	剧本《世界本身》在纽约和波士顿上演 诗集《此刻隽语》出版
	1859	二儿子塞缪尔·格里格利出生 豪夫妇陪同帕克夫妇古巴疗养

年代		事件
19世纪 60年代	1860	《古巴之行》出版
	1861	美国内战爆发
	1862	为《共和国战歌》填词
	1863	二儿子塞缪尔·格里格利死于白喉综合征 搬家至波士顿栗子街13号（租住），在此住至1865年
	1864	担任国家海员展览会日报——《水手长之哨》编辑
	1865	搬到博伊尔斯顿19号
	1866	出版《半生抒情诗》 约翰叔叔逝世
	1867	创建杂志《北极光》 欧洲旅行 出版《从橡树到橄榄树》 加入根基俱乐部
	1868	成立新英格兰妇女俱乐部
19世纪 70年代	1871	三个女儿分别结婚
	1872	游历圣多明各
	1874	出版《性别和教育》
	1875	召开首届女牧师大会
	1876	丈夫塞缪尔·格里德利·豪逝世
	1877	美国西部演讲
	1879	发表论文《女性议题的另一面》
19世纪 80年代	1881	出版《现代社会》
	1895	出版《文雅社会文雅吗？》
	1898	出版《山脊落日：新旧诗歌集》
20世纪初	1900	出版《自传》
	1907	入选美国艺术暨文学学会并成为首位女性会员
	1910	出版《落日》 10月17日茱莉娅·沃德·豪在纽波特逝世

茱莉娅·沃德·豪主要作品

文体	中文名	英文名	出版社	出版时间
诗歌	《激情之花》	Passion-flowers	Boston：Ticknor, Reed and Fields	1854
	《此刻隽语》	Words for the Hour	Boston：Ticknor, Reed and Fields	1857
	《半生抒情诗》	Later Lyrics	Boston：J.E. Tilton & company	1866
	《山脊落日：新旧诗歌集》	From Sunset Ridge；Poems Old and New	Boston, New York：Houghton Mufflin & Co.	1898
	《落日》	At Sunset	Boston, New York：Houghton Mufflin & Co.	1910
游记	《古巴之行》	A Trip to Cuba	Boston：Ticknor, Reed and Fields	1860
	《从橡树到橄榄树》	From the Oak to the Olive	Boston：Lee& Shepard	1868
剧本	《世界本身》	The World's Own	Boston：Ticknor, Reed and Fields	1857
	《希波吕托斯》	Hippolytus	Princeton：Princeton University Press	1941
	《双性人》	Hermaphrodite	University of Nebraska Press	2004

文体	中文名	英文名	出版社	出版时间
传记	《玛利亚·米切尔回忆录》	Memoir of Maria Mitchell		1883
	《玛格丽特·富勒》	Margaret Fuller	Boston: Roberts Brothers	1883
	《塞缪尔·格里德利·豪回忆录》	Memoir of Dr. Samuel Gridley Howe	A.J. Wright	1876
自传	《回忆录：1819–1899》	Reminiscences, 1819–1899	Boston, New York: Houghton Mufflin & Co.	1900
杂文	《性别与教育》	Sex and Education	Boston: Roberts Brothers	1874
	《文雅社会文雅吗?》	Is Polite Society Polite?	Boston, New York: Lamson, Wolffe and Co.	1895
演讲集	《现代社会》	Modern Society	Boston: Roberts Brothers	1881
文集	《美国妇女工作》	Woman's Work in America	Henry Holt & Company	1891

茱莉娅·沃德·豪成立或参加的俱乐部

俱乐部名字	担任职务	成立时间
智慧俱乐部	会员	1865
根基俱乐部	会员	1867
新英格兰女子俱乐部	主席	1868
英格兰妇女选举全协会	副主席	1869
波士顿周六清晨俱乐部	主席	1871
女子国际和平协会美国分会	主席	1871
妇女进步协会	主席	1873
美国女孩俱乐部	主席	1877
纽波特小镇田园俱乐部	主席	1879
文书斋	主席	1881
潘神（作家协会）	主席	1885
妇女休闲协会	主席	1891
自由俄国人美国之友协会	主席	1891
妇女俱乐部联合总会	副主席	1892
亚美尼亚之友协会	主席	1894
波士顿作家俱乐部	会员	1899

参考书目

Clifford,Deborah Pickman. *Mine Eyes Have Seen the Glory*: *A Biography of Julia Ward Howe*, Bonston: Little, Brown Co.,1979.

Elliott, Maud Howe. *The Eleventh Hour in the Life of Julia Ward Howe*, Boston: Little, Brown & Co., 1911.

Elliott, Maud Howe. *Three Generations*, Boston: Little, Brown & Co., 1923.

Grant, Mary H. *Private Woman, Public Person: An Account of the Life of Julia Ward Howe from 1819–1868*, New York: Carlson Pub, 1994.

Howe, Julia Ward. *Passion–flowers*. Boston: Ticknor, Reed and Fields, 1854.

Howe, Julia Ward. *Words for the Hour*. Boston: Ticknor, Reed and Fields, 1857.

Howe, Julia Ward. *A Trip to Cuba*. Boston: Ticknor, Reed and Fields, 1860.

Howe, Julia Ward. *From the Oak to the Olive*. Boston: Lee & Shepard, 1868.

Howe, Julia Ward. *Memoir of Dr. Samuel Gridley Howe*. Boston: A.J. Wright, 1876.

Howe, Julia Ward. *Reminiscences:1819 –1899*. Boston: Houghton Mifflin Company, 1900.

Howe, Julia Ward. *The Hermaphrodite*. Edited by Gary Williams. Lincoln: University of Nebraska Press, 2004.

Hull, Florence H. *Julia Ward Howe and the Woman Suffrage Movement*, Boston: Dana Estates & Company, 1913.

Richards, Laura. *Celebration of Women Writers*. Boston: Houghton Mifflin Company, 1915.

Richards Laura E. and Maud Howe Elliott, *Julia Ward Howe, 1819 to 1910*, Boston: Houghton Mifflin Company, 1915.

Showalter, Elaine. *The Civil Wars of Julia Ward Howe*, New York: Simon & Schuster, 2017.

Stauffer, John and Soskis, Benjamin, *The Battle Hymn of the Republic: A Biography of the Song That Marches On*, New York: Oxford University Press, 2013.

Tharp, Louise Hall. *Three Saints and a Sinner*, Boston: Little, Brown Co., 1956.

Wagoner, Jean Brown. *Julia Ward Howe: Girl of Old New York*, Indianapolis: Bobbs Merrill, 1945.

Williams, Gary. *Hungry Heart: The Literary Emergence of Julia Ward Howe*, Amherst: University of Massachusetts Press, 1999.

Williams, Gary, and Renee Bergland, eds. *Philosophies of Sex: Critical Essays on The Hermaphrodite*. Columbus: Ohio State University Press, 2012.